Georg Günther
Fahr zur See und du lachst dich kaputt!

Georg Günther

Fahr zur See und du lachst dich kaputt!

Meine Sturm- und Drangzeit

EDITION R. G. FISCHER

Für Gudrun

Bibliografische Information der Deutschen Nationalbibliothek

Die Deutsche Nationalbibliothek verzeichnet diese Publikation in der Deutschen Nationalbibliografie; detaillierte bibliografische Daten sind im Internet über http://dnb.d-nb.de abrufbar.

Orber Str. 30, D-60386 Frankfurt/Main

Schriftart: Times 11 pt
Herstellung: RGFC/bf/SU F1
ISBN 978-3-8301-9693-8

Inhalt

Vorwort

Der geneigten Leserin, dem geneigten Leser sei gesagt, dass alle Anekdoten und Döntjes in der Zeit ab Ende der sechziger Jahre des letzten Jahrhunderts stattgefunden haben. Noch wurde nicht alles Handelsgut, nicht jede Fracht in Blechdosen (Containern) verschifft. Stückgutfrachter, Schwergutschiffe, Kühlschiffe, Bulkcarrier, Tanker und Samentender waren auf den Meeren unterwegs.

Klischees kann ich keine bedienen. Weder bin ich tätowiert, noch alkoholkrank, noch habe ich mich durch die Puffs dieser Welt gevögelt. Das Seemannsleben ist aber ein völlig anderes, als das Leben an Land. Dem Seemann ist nichts Weltliches fremd, er ist tolerant, gottesfürchtig und schweigsam, er zittert nicht vor Kälte, sondern nur vor Wut, und überall wo er ankommt, ist er Ausländer!

Fachausdrücke werden im Anhang erläutert, so dass der Lesespaß für alle gleichermaßen, ob Seemann oder nicht, gewährleistet ist.

Ähnlichkeiten mit noch lebenden oder bereits verstorbenen Personen sind gewollt und beabsichtigt.

Ein gemütlicher Platz zum Lesen, ein Getränk Ihrer Wahl, Tabakgenuss kann, muss aber nicht, sollten Ihre Begleiter sein.

Für jeden Schenkelklopfer, jedes Schmunzeln, welches über Ihr Gesicht huschen wird, und für jede verlachte Träne bedanke ich mich schon jetzt recht herzlich.

Und jetzt geht es los.

Wie alles begann

Eine Mutter stirbt immer zu früh, egal, wie alt sie geworden ist. Bei mir ist das im Alter von 14 Jahren geschehen. Aufgewachsen bin ich in Hessen, geboren 1953 in einem Ort nördlich von Frankfurt a. M., in einem Zehnfamilienhaus. In allen Familien waren Kinder im fast gleichen Alter mit plus/minus ein bis zwei Jahren Altersunterschied. In meiner Familie war ich das Nesthäkchen. Meine Schwestern und mein Bruder waren bereits verheiratet und hatten selbst Kinder, als Mutter starb. Mutter war elf Jahre älter als Vater, und Vater war nun mit 45 Jahren Witwer geworden. Im Mietshaus meiner Kindheit kannte noch jeder jeden, Nachbarschaft wurde gepflegt, man half sich gegenseitig. Alle haben mich bedauert und versucht, mich mehr oder weniger erfolgreich zu trösten.

In der Schule bin ich zunächst ziemlich abgestunken. Der Tod der Mutter und die beiden Kurzschuljahre mit komprimiertem Lehrstoff machten mir zu schaffen. In diesen Jahren wurde in allen Bundesländern der Beginn des neuen Schuljahres vereinheitlicht. Aber auch die Lehrer und Mitschüler hatten Verständnis und haben mich irgendwie aufgefangen. Meine Werklehrerin hat mir ein Büchlein geschenkt, in welches sie die Widmung: »Wo viel Schatten ist, da ist auch viel Licht« geschrieben hat. Da eine Schwester und mein Bruder im gleichen Ort wohnten, konnte ich nach der Schule zu meiner Schwester gehen, bekam dort mein Mittagessen und machte meine Schularbeiten. So ging es mir nach der Beerdigung mit etwas Abstand einigermaßen gut.

Anders meinem Vater. Er ist in ein tiefes Loch gefallen. Sein Kummer, sein Schmerz, die Sorge um mich haben dazu geführt, dass er dem Vorschlag meiner ältesten Schwester, die in Hamburg lebte, zustimmte, mich für sechs Wochen von der Schule zu beurlauben und zu ihr nach Hamburg zu schicken. »Tulle«, so nannte sie die ganze Familie, weil sie als Kind immer Kohldampf schieben musste und das Wort »Stulle« als kleines Mädchen noch nicht aussprechen konnte, war verheiratet und hatte eine Tochter, die vier Jahre jünger war als ich. Mit Tulle machte ich oft lange Spaziergänge im Hafen.

Nach Beendigung der Schulzeit

beginnt die Fahrt ins Leben

Beruf bedeutet berufen sein.
Mit Verstand wählen,
auf das Herz hören
und Sie werden richtig entscheiden.

Lieber Georg!

All das, von dem ich als junger Mensch träumte, soll Dir beschieden sein. Immer gute Fahrt wünscht Dir. Dein Vater

Sie kannte sich nicht nur in den Touristengegenden aus. So waren wir nicht nur in der Innenstadt, an den Landungsbrücken, sondern auch im Freihafen unterwegs. Sie wusste immer etwas über eine Reederei, ein Schiff oder seine Ladung zu erzählen. Oft hörten wir Pfiffe und Rufe von Schauerleuten, die, wie ich heute weiß, eindeutige Angebote waren. Da meine Schwester aber perfekt Plattdeutsch sprach, ist den Schauerleuten nach dem Redeschwall meiner Schwester oft die Spucke weggeblieben und es kam zu keinen weiteren Wortwechseln. Meist waren es aber freundliche Zurufe, die wir beide mit einem Winken beantworteten.

Besonders viel wusste sie von weißen Schiffen mit roter Schornsteinkappe oder rotem Windabweiser am Peildeck zu berichten. Es handelte sich um die Reederei Hamburg-Süd von Dr. Oetker. Diese Kühlschiffe, auch »Bananenjäger« genannt, waren in ihrer Zeit mit 22 Knoten sehr schnell. Sie brachten Früchte und Fleisch aus Südamerika.

Zurück im Hamburger Stadtteil Bramfeld holte Tulle einen großen Atlas aus dem Schrank und zeigte mir die Seewege von Europa nach Südamerika, die Häfen, Bilder von der Küste und dem Hinterland.

Vielleicht, ich weiß es nicht mit Bestimmtheit, ist in dieser Zeit der Wunsch zur See zu fahren in mir gewachsen. Doch so weit war es noch nicht.

Noch zwei Jahre Schule, erste Enttäuschung in der Liebe, mäßiger Erfolg im örtlichen Fußballverein, aber wieder gute Zeugnisnoten, ließen die Zeit verfliegen.

Die Berufswahl stand an

Girls- oder Boysday, Berufspraktika, gab es in dieser Zeit noch nicht, aber die Arbeitsämter kamen im letzten Schuljahr in die Schulen und vermittelten uns Möglichkeiten, in Firmen und Büros hinein zu schnuppern. 99 % meiner Mitschülerinnen und Mitschüler wählten kaufmännische Berufe. Als exotisch wurde schon der Berufswunsch

Chemielaborant und Dolmetscher angesehen. All das sagte mir aber überhaupt nicht zu. Morgens mit der Straßenbahn in einen Betrieb, eine Firma zu fahren, eine Stechkarte zu drücken und dann darauf zu warten, dass eine Klingel oder gar eine Sirene ertönt, die das Arbeitszeitende ankündigt, war für mich undenkbar. Mein Wunsch war es, mit den Händen zu arbeiten, was auf einen Handwerksberuf hinauslief. Andererseits sollte es aber auch die Möglichkeit geben, ein berufsbezogenes Studium anzuschließen, was die Auswahl schon etwas einschränkte.

Mein Vater war im Krieg Marinesoldat. Als Maat tat er im Maschinenraum des Zerstörers »Erich Steinbrinck« Dienst. Nach dem Krieg war er noch lange Zeit für die Engländer auf Minensuchern in Nord- und Ostsee unterwegs, bevor er wieder in die Heimat zurückkehrte und in seinem Beruf als Elektromaschinenbauer arbeitete. Kriegsgeschichten bekamen wir von ihm zuhause nie zu hören, auch auf mein Drängen hin nicht. Die einzige Antwort auf die Frage: »Papa, warum bist du zur Marine gegangen?«, lautete mit einem Schmunzeln im Gesicht: »Weil es dort immer was zu essen gab, und weil die die schönsten Uniformen hatten.« Gerne erzählte er jedoch von Ländern und Menschen, die er in Kriegszeiten sehen und kennenlernen durfte. Das, was er dazu zu erzählen hatte, hörte sich aber überhaupt nicht nach Krieg an.

Meine Mutter und er hatten sich in Wilhelmshaven kennengelernt. Mutter war mit meinen drei Geschwistern übers Eis aus Ostpreußen geflüchtet, ihr erster Mann war in Russland als Soldat gefallen. Als es zurück in die Heimat ging, hatte Tulle bereits eine Lehrstelle als Schneiderin gefunden und blieb in Norddeutschland, wie auch Mutters Geschwister, meine Onkel und Tanten.

Urlaube bei Onkel und Tanten an der See, Erzählungen meines Vaters über fremde Menschen und Länder, und das von Tulle vermittelte Wissen über die Seefahrt nährten den Entschluss: Ich fahre zur See!

Schulschiff Deutschland

Zunächst hieß es aber von der verschwommenen Struktur »Seefahrt« ein klares Bild zu bekommen. Auf dem Arbeitsamt gab es nur eine Adresse, den »Verband deutscher Reeder«, aber sonst keine weiteren Informationen. Tulle hatte mir von der Hamburg-Süd erzählt, Vater kannte aus seiner Bremer Zeit den Norddeutschen Lloyd. In Zeiten ohne Internet kam man nicht so leicht an Infos heran. Also war die erste Adresse der Verband deutscher Reeder. Von dort kam nach einer Woche ein dicker Umschlag mit Broschüren, Informationsblättern, Adresslisten etc. Das Studium dieser Unterlagen, die auch die Berufslaufbahn des Kapitäns beschrieben, haben mich immer mehr in meinem Berufswunsch bestärkt. Ausbildung zum Matrosen in der Seeschifffahrt, Decksjunge, Jungmann, Leichtmatrose. Also Handwerk! Mit dem Abschluss Matrosenbrief, der dem Gesellenbrief an Land entsprach. Dann Fahrzeit als Matrose OA und Anmeldung an der Seefahrtschule, der Hochschule für Nautik. Also Studium! Das war's, das wollte ich!

Was war eigentlich mit dem Dienst fürs Vaterland? Nichts! Als Seemann war man vom Wehrdienst freigestellt.

Vater hatte den Norddeutschen Lloyd als wirtschaftlich stark, mit sicherlich guten Ausbildungsmöglichkeiten beschrieben, also haben wir Bewerbungsunterlagen eingetütet und erhielten schon nach ein paar Tagen Antwort mit Lehrvertrag und Hinweisen über die weiteren Abläufe aus Bremen. In diesen Zeiten gab es rund 50.000 deutsche Seeleute in den alten Bundesländern und der Bedarf an Nachwuchs war groß. Alle deutschen Seeleute aßen am Seemannssonntag, dem Donnerstag, Schweinebraten mit Rotkohl und Klößen. Doch nicht nur diese Tradition ist ausgestorben, auch den Beruf des Matrosen in der Seeschifffahrt gibt es heute nicht mehr.

Da es dem Seemann nie möglich war, wöchentlich eine Berufsschule zu besuchen, wurde dieser Teil der Ausbildung vorgezogen. Der Norddeutsche Lloyd schlug hierzu das in Bremen fest vertäute Segelschulschiff »Schulschiff Deutschland« vor. Dorthin ging unsere nächste Post.

Unterschrift des Inhabers:

Georg Günther

Es wird bescheinigt, daß der Inhaber die durch das obenstehende Lichtbild dargestellte Person ist und die darunter befindliche Unterschrift eigenhändig vollzogen hat.

Bremen, den 01. Okt. 1969

Das Seemannsamt

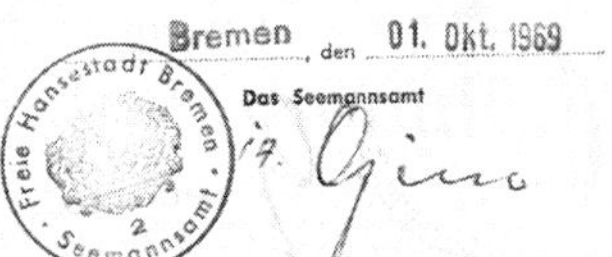

— 3 —

Unterschrift des Inhabers:

Es wird bescheinigt, daß der Inhaber die durch das obenstehende Lichtbild dargestellte Person ist und die darunter befindliche Unterschrift eigenhändig vollzogen hat.

..................., den ....

Das Seemannsamt

Alles war gut, aber jetzt wurde es ernst. Der Lehrgang sollte drei Monate dauern. Noch nie war ich alleine länger als eine Woche von Zuhause weg gewesen. Wie würde meine Liebste, mit der ich bis heute verheiratet bin, diesen Abschied verkraften? Erste Neider aus dem Kreise der Schulkollegen meldeten sich und warteten mit Klischees auf. Man wisse ja, wie das Seemannsleben so aussieht. In jedem Hafen eine Braut, viel Alkohol, und bis unter die Achseln tätowiert. Außerdem müsse man erst auf einem Binnenschiff Dienst tun, um in die »Große Fahrt« zu kommen. Was die angeblich alles wussten!

Meinen Groll darüber habe ich für mich behalten, meinem Mädchen ewige Treue geschworen, meinen Seesack gepackt, dann ging es mit Vater Richtung Norden und dann immer geradeaus.

Wir fuhren mit Vaters DKW-Junior, einem Dreizylinder-Zweitakter, nach Bremen und haben auf der gesamten Fahrt nicht ein Wort gewechselt. Jahre später habe ich Vater erzählt, dass ich abends an Bord des Schulschiffs Deutschland in der Hängematte Rotz und Wasser geheult habe. Er sagte mir, wie stolz er auf mich sei, wie sehr er sich über meinen Berufswunsch gefreut habe, dass er aber, nachdem er außer Sichtweite des Schulschiffs war, rechts ranfahren musste, weil er wegen seiner Tränen die Straße nicht mehr erkennen konnte.

Die ersten Tage waren sehr schwer für mich, besonders weil ich hessischen Dialekt sprach, und alle Kumpels des Lehrgangs mich ansahen, als käme ich aus dem Urwald. Wir waren eine bunt gemischte Gruppe. Viele Jungs aus Elternhäusern, wo der Vater noch zur See fuhr. Jungs, die in den Ferien schon als »Decksmann« auf Kümos gefahren sind, Jungs mit Segelschein und Landratten wie ich eine war. Aber egal aus welcher Ecke sie kamen, alle waren anders als die Jungs meiner Schulzeit. Auch unterschiedliche Schulbildung war kein Hindernis im Umgang miteinander. Die, die es handwerklich draufhatten, wurden von denen unterstützt, die die Theorie beherrschten, und umgekehrt.

Es wurden nicht sofort Freundschaften geschlossen, aber man ging sofort kameradschaftlich miteinander um, man half sich, man verspottete sich nicht, es bildeten sich keine Platzhirsche heraus, wir waren eine geschlossene Gruppe!

Mein Eifer, mein Spaß am Lernen, die Klarheit, die richtige Berufswahl getroffen zu haben, ließen mich sehr schnell aufholen. Bald zählte ich zu den Lehrgangsbesten.

Die Theorie in der Lichterführung, dem Seemannsgesetz etc., die gelehrt wurde, nahm ich ernst, aber den meisten Spaß hatte ich an der praktischen Ausbildung. Kutterpullen mit Ausbildungsoffizier Biermann war so etwas. Er hat uns die Weser hinauf und hinunter gejagt. Alle Kommandos, »streich Ruder«, »Ruder an«, »lass fallen«, »Ruder auf« usw., wurden bis zur Perfektion geübt. Hatten wir Zuschauer am Weserufer, kam stets die Aufforderung: »Lasst eure Riemen nicht hängen, da schauen uns Damen zu«. Was jeweils an Bord und an Land zu Gelächter führte, denn Kpt. Biermann hatte eine Lautstärke, die einem Megaphon in nichts nachstand.

Ein Höhepunkt des Tages war für mich das allabendliche »Antreten auf Decksnaht«. Hier wurde vom jeweiligen Ausbildungsoffizier mitgeteilt, wie es am nächsten Morgen nach dem Frühstück weitergehen sollte. Dann wurde die Post verteilt. Drei Monate lang habe ich jeden Tag Post von meiner »Braut« und/oder von meinem Vater erhalten. Ein Teil meines Taschengeldes, das mein Vater für mich hinterlegt hatte, ging für Briefmarken drauf, denn auch ich schrieb jeden Tag meine Erlebnisse nieder.

Einer meiner Berichte handelte von einem Läusebefall. Wir schliefen in Hängematten, die morgens gezurrt und nach der Inspektion an Deck im Hängemattenkasten gestaut wurden. Zu Segelschiffszeiten dienten die Hängematten als zusätzliches Rettungsmittel. Das Bettzeug wurde in wasserdichtes Segeltuch eingewickelt, bildete ein Luftpolster, und schwamm auf. Der Nachteil war, dass dies der Verbreitung von Ungeziefer, einmal eingeschleppt, Tor und Tür zur Vermehrung öffnete. Es begann damit, das kurz nach »Ruhe im Schiff« die Hängematten begannen zu schaukeln, obgleich wir uns an unserem Liegeplatz befanden und keinerlei Schwell durch vorbeifahrende Schiffe erzeugt wurde. Wir hingen wie die Fledermäuse unter Deck und der erste Verdacht, dass einige Jungs wohl onanierten, bestätigte sich nicht, denn allesamt fingen wir an uns zu kratzen und zu jucken. Am nächsten Morgen erkannten wir die Hautrötungen und wurden mit den Worten: »Guten Morgen, Ihr verlauste Saubande«, begrüßt. Der Übeltäter war schnell ausgemacht. Schmitti! Er wusch sich nicht gerne und Kleiderwechsel fand bei ihm ausschließlich im 14-tägigen Wechsel statt. Dies galt selbstverständlich auch für Socken und Unterwäsche. Er hatte auch immer »Zimt« in der Unterhose, die er aber nach seinen seltenen Duschen immer wieder anzog. Da Schmitti an den Wochenenden zuhause wohnen und schlafen durfte und uns sein Zuhause wohl bekannt war, wurde aus dem Erstverdacht schnell eine Tatsache. Schmitti teilte uns mit, dass dieser Juckreiz in seiner Familie immer mal wieder auftrete. Mein inzwischen zum Kumpel gewordener Hängemattennachbar »Steam« und ich sahen uns kurz an und ohne Worte zu machen, wurde der Beschluss gefasst: »Dem schicken wir den heiligen Geist«. Zwei Stunden nachdem der wachhabende Offizier das Licht in seiner Kammer gelöscht hatte, schlichen wir zu viert an Schmittis Hängematte. Er bekam einen Kissenbezug über den Kopf, zwei Mann, zwei Ecken, wurde er aus der Hängematte gedreht und nach UDB verbracht. Schreien konnte er nicht, zappeln half nichts. In UDB angekommen, haben wir ihn seines Schlafanzuges entledigt, mit P3 gepudert und mit Schrubbern bearbeitet. Diese Prozedur wirkte besser als das Läusepulver, mit dem wir alle behandelt wurden.

Am nächsten Morgen trat Schmitti an Deck und seine Hautfarbe glich der eines abgekochten Hummers. Damit war die Sache aber erledigt. Schmitti duschte öfter und brachte jedes Wochenende frisch duftende und gebügelte Wäsche von zuhause mit.

Es näherte sich das Ende unserer dreimonatigen Berufsschule, und wir alle malten uns aus, wie es demnächst weitergehen sollte.

Die Jungs, die an der Küste wohnten, hatten natürlich weit mehr Kenntnisse über dort ansässige Reedereien als zum Beispiel ich. Natürlich tauschten wir uns darüber aus, wer wo künftig einsteigen würde. Mir wurde flau im Magen, als ich erfuhr, was beim Norddeutschen Lloyd so Sache war. Eines der Ausbildungsschiffe war ein alter Zossen mit einer 20-Mannkammer für die Junggrade an Deck. Es gab eine Vorschrift, die besagte, wie die Mannschaften sich zu kleiden hatten. Dies betraf sowohl Arbeits- als auch Ausgehanzug. Die Kapitäne des NL trugen an ihrer Ausgehuniform noch einen Dolch. Auf der Speisekarte stand jeweils, in welcher Uniform (weiß, khaki, blau, kurz, lang) die Offiziere zum Essen zu erscheinen hatten. War der NL ein Ableger der Bundesmarine? Da kam ein Geldbetrag für Kleidung zusammen, für den mein Vater aufkommen und fast einen Monat hätte arbeiten müssen.

Die Erlösung und Rettung kam in Gestalt des »einarmigen Geigers«, wie der Kapitän und Personalchef See der D. D. G. Hansa liebevoll genannt wurde, wegen eines im Krieg verlorenen Armes. Von ihm erhielten wir Prospekte eines zwei Jahre alten Ausbildungsschiffes. Zweimannkammern. Ein ganzes Deck für die Junggrade, heute würde man Azubis sagen. Ein mitfahrender Ausbildungs-Offizier, ein staatlich geprüfter Lehrer, ein Bootsmann, die alle ausschließlich für unsere Ausbildung zuständig waren. Kleiderordnung gab es keine. Wir durften unsere Arbeitspäckchen vom Schulschiff tragen.

Noch am selben Abend telefonierte ich mit meinem Vater, was nicht so einfach war. Wir hatten zuhause noch kein Telefon. Also musste ich bei den Nachbarn einen Stock über uns anrufen, eine Uhrzeit für den zweiten Anruf ausmachen. Auch das glückte nicht immer. Oft war zur abgesprochenen Zeit ausgerechnet die einzige Telefonzelle in der Nähe des Schulschiffes besetzt. Mein Vater arbeitete im Schichtdienst, aber dieses Mal klappte es auf Anhieb. Vatern wusste zunächst nicht, was er davon halten sollte, aber meinem Flehen um Auflösung des Vertrages mit dem NL und der Bitte um Unterschrift auf einem neuen Vertrag der DDG Hansa gab er schnell nach. Dies hatte weder er noch ich jemals zu bereuen.

Dieser Aufregung folgte die nächste, die Abschlussprüfung nahte. Ich mochte keine Prüfungen, basta! Egal, um welche Prüfung es sich handelte, obwohl ich einige Prüfungen in meinem Leben zu bestehen hatte, obgleich ich alle Prüfungen mit gutem Erfolg gemeistert habe, schon Tage vor der Prüfung war mein Stuhlgang so dünn, dass ich aus fünf Metern Entfernung in eine Colaflasche kacken konnte.

»Multiple Choice« oder ähnliches kannte man noch nicht. In der Praxis musste gespleist, betakelt, kalfatert, genäht, geknotet werden. Die Theorie wurde mündlich abgefragt. Mittels Schautafeln wurden die Lichterführung, Namen von Teilen des Ladegeschirrs, des Ankergeschirrs, oder auch Inhalte und Zubehör eines Rettungsbootes geprüft.

Alle haben wir an den Abenden vor der Prüfung zusammen geübt, der Ehrgeiz, dass keiner von uns wiederholen müsste, war sehr groß.

Auch unsere Sorgenkinder »Birne« und »Schmitti« wollten wir notfalls mit allen uns zur Verfügung stehenden Mitteln durchschleifen. Auch das Risiko, beim Vorsagen oder Spickzettelweitwurf erwischt zu werden, hielt uns nicht davon ab.

Unsere größte Sorge galt Schmitti. Aber der war im Gegensatz zu einigen von uns, mich eingeschlossen, absolut locker. Heute bin ich mir sicher, dass alle unsere Ausbilder mit Freude zur Kenntnis genommen haben, was da für eine Truppe in den drei Monaten zusammengewachsen war, und dass es auch deren Bestreben war, keinen von uns in eine Ehrenrunde zu schicken. Es kam wie es kommen musste: Herr Biermann ging mit dem Zeigestock über die Schautafel »Rettungsboot«. Nacheinander mussten wir die Teile benennen, auf denen Biermanns Zeigestock gerade ruhte. Alles kam wie aus der Pistole geschossen, bis Schmitti an der Reihe war. Der Zeigestock ruhte, von Schmitti kam nichts. Es herrschte Totenstille im Raum, Zuflüstern war unmöglich. Nach einer gefühlten Ewigkeit ertönte Biermanns Stimme: »Wie heißt das Focksegel, Schmitti«?

»Focksegel, Herr Biermann!«

»Richtig Schmitti!«

Geschafft! Wir waren alle durch! Eine feierliche Zeugnisübergabe, Glückwünsche des Schulschiffkapitäns und seiner Ausbilder, ein letztes gemeinsames Mittagessen, Seesack packen und ab zum Bremer Hauptbahnhof.

Die Tatsache, dass Steam und ich bis Hannover den gleichen Weg hatten und dass auch Steam bei »Hansas« einsteigen würde, machte mir den Abschied vom Schulschiff leicht. Steam hatte keine feste Freundin. Er wollte nur so schnell wie möglich an Bord und malte mir das Bordleben und die Landgänge in den schillernsten Farben aus. Vieles wusste er wohl aus Erzählungen seines Vaters, der mit A5 zur See gefahren, seit ein paar Jahren aber an Land beschäftigt war. Am Bahnhof Hannover verabschiedeten wir uns mit dem Versprechen sofort anzurufen, wenn Post von »Hansas« eingegangen wäre. Die Zeit von Hannover bis Frankfurt a. M. Hauptbahnhof verging wie im Flug. Vater hatte mir schon am Telefon verraten, dass er meine Süße mit zum Bahnhof bringen würde. Mein Herz schlug schon jetzt bis zum Hals.

In Frankfurt angekommen, schulterte ich meinen Seesack und

ging, wie ich meinte, mit Seemannsgang, den ich schon deshalb sehr gut beherrschte, weil mich die Natur mit O-Beinen ausgestattet hat, Richtung Ausgang.

Diese Wiedersehensfreude war unbeschreiblich. Wir lagen uns lange in den Armen bevor wir zum Parkplatz schlenderten und die Heimfahrt zu Kaffee und Kuchen antraten.

Noch musste ich lernen, diese Wiedersehensfreude zu genießen und zu verinnerlichen, denn die Abschiede waren jeweils schmerzlich. Später war ich in der Lage, mich beim Abschied schon auf das nächste Wiedersehen zu freuen und so den Abschiedsschmerz zu lindern. Nach ein paar Tagen an Bord, dem Kennenlernen der neuen Crew, trat die Arbeitsroutine ein. Ich schrieb Briefe und freute mich auf die nächste Nachricht von Zuhause.

Ein paar Tage zuhause und an Land

Meine Liebste hatte inzwischen ihre Lehre als Reiseverkehrsfrau bei Hapag-Lloyd begonnen, arbeitete aus meiner Sicht quasi für die Konkurrenz. Im Touristikgeschäft war die Hamburger Hapag bereits mit dem Norddeutschen Lloyd fusioniert, in der Seeschifffahrt erfolgte diese Fusion erst Anfang der 1970er Jahre. Der Nachteil für mich war, dass mein Schatz arbeiten musste und ich sie erst abends sehen konnte. Natürlich wollten auch meine Geschwister mich sehen, die Kumpels an Land wollten mit mir feiern. Tagsüber waren Reisevorbereitungen zu treffen, da waren die Stunden schnell ausgefüllt und flogen nur so dahin.

Endlich Post von der DDG Hansa. Glückwunsch zur bestandenen Prüfung an der Schiffsjungenschule, der gegengezeichnete Lehrvertrag, Heuer- und Manteltarifvertrag, Bahnfahrkarte nach Bremen, eine Auflistung der Papiere, die ich dabeihaben musste, alles komplett. Mit der Bahn nach Bremen, von dort Flug nach Frankfurt a. M. und von dort nach New York. Meine Aufregung stieg ins Unermessliche.

Oh Gott, was war das? Einen Reisepass für das Visum zur Einreise in die USA hatte ich nicht! Was jetzt? Mit Vatern am nächsten Tag zum Ordnungsamt. Formular ausfüllen, Passfotos abgeben, Gebühr bezahlen und wann bekomme ich meinen Pass? In zwei Wochen! Nun war Vaters Einsatz angesagt. Erst in ruhigem Ton erklärte er dem Beamten, dass ich in drei Tagen in New York sein müsse, dass ich zur See fahre und den Pass schnell und dringend benötige. Das völlige Unverständnis in den Augen des Beamten führte dazu, dass mein Vater nicht nur die Stimme hob, sondern auch seine Faust auf den Tresen knallen ließ. Dies löste bei unserem Gegenüber eine hektische Betriebsamkeit und eine Rücksprache mit seinem Amtsleiter aus, welche dazu führte, dass wir am nächsten Morgen meinen Pass abholen konnten.

Gerade nochmal gut gegangen!

Das Telefonat mit Steam ergab, dass auch er alle Unterlagen erhalten hatte. Wir freuten uns auf das Wiedersehen in Bremen, Schlachte 6.

Die letzten Tage verbrachte ich, solange es ging, bei und mit meinem Schatz. Ein Jahr nach dem Tod meiner Mutter war ihr Vater verstorben. Sie lebte im Hause ihrer Oma, zusammen mit ihrer Mutter und ihrer um vier Jahre jüngeren Schwester in einem anderen Ortsteil. Dies war die Zeit, in der ich das medizinische Experiment bestätigte, dass der Mensch zwar nicht im Stehen, wohl aber im Gehen schlafen kann. Mehrfach bin ich nachts nach zwei Kilometern Fußmarsch erst aufgewacht, als ich die Hauptstraße unseres Ortes überqueren wollte. Mein Hirn war auf dem Heimweg offensichtlich auf »stand by« geschaltet.

Den Abschied hatte ich so lange es ging hinausgezögert und erst den letzten Zug nach Bremen ausgewählt, der am Tag meiner Abreise fuhr. Nachdem alle Nachbarn im Hause für mich Spalier standen und uns nachwinkten, fuhr Vater zunächst zu meinem Schatz. Diese Verabschiedung war, ohne sentimental werden zu wollen, wie ein Stich ins Herz für uns beide. Selbst Oma und Mutter gelangen es nicht, meine Liebste zu trösten, eine Mitfahrt zum Bahnhof war ausgeschlossen. Wir alle waren in Sorge, dass sie in eine Ohnmacht fallen würde.

Der Abschied am Bahnhof von meinem Vater war weniger tränenreich, aber auch wir atmeten schwer, als ich ihm aus dem Zugabteil zuwinkte.

Erste Station: Wohnschiff »Ali Baba«

In Bremen angekommen, fuhr ich mit dem Taxi vom Bahnhof zum Hohentorshafen, wo das Wohnschiff der DDG Hansa fest vertäut lag. Die Ali Baba wurde von einem Bootsmann und einem Koch geleitet. Hier gab es für Hansafahrer immer eine Koje und drei warme Mahlzeiten am Tag, wenn man auf den nächsten Dampfer oder, so wie ich, auf seinen Flug nach New York warten musste. Diese Unterkunft war allerdings nur für Mannschaften gedacht. Offiziere wohnten bei einem Aufenthalt in Bremen in Hotels.

Es war spät, als das Taxi vor der Gangway stoppte, aber in der Messe brannte noch Licht. Groß war die Freude, Steam zu treffen. Weitere vier Jungs waren schon an Bord und konnten mir meine Koje zeigen. Der Smut hatte mir eine Brotzeit in den Kühlschrank gestellt und zwei Buddel Bier ließ ich mir schmecken, während die anderen Jungs berichteten, wie der morgige Tag verlaufen sollte. Wir würden nach dem Frühstück um 07.00 h von einem Kleinbus abgeholt und direkt in die Schlachte 6 gefahren.

Für mich war es eine unruhige Nacht mit wenig Schlaf und schon um 06.00 h saß ich »gestiefelt und gesport« am Frühstückstisch. Eier mit Speck, frische Brötchen, dampfender Kaffee waren ein guter Start in den Tag. Mit all unseren Papieren ausgerüstet, ging es zunächst »nach Hansas«, wo wir von Kapitän Lessing, dem Personalchef-See, erwartet wurden. Wir wurden sehr herzlich begrüßt, bekamen nochmal Kaffee und Infos über den Tagesablauf. Nun ging es Schlag auf Schlag. Gesundheitskarte machen, Seefahrtsbuch ausstellen lassen, Einreisevisum im amerikanischen Konsulat abholen, Heuerschein unterschreiben. Das alles immer sechfach, und nur kurz unterbrochen durch kurze Essenpausen. Abends wurden wir wieder bei Ali Baba abgesetzt und waren ziemlich schnell nach dem Abendbrot in unseren Kojen verschwunden.

Amerika, wir kommen!

Am nächsten Morgen um 10.00 h stand wieder pünktlich der Kleinbus bereit, um uns mit unserem Gepäck und nunmehr den kompletten Reiseunterlagen an den Bremer Flughafen zu befördern. Dort angekommen, trafen wir noch auf den Storekeeper der M.S. Kybfels und die Ehefrau des dritten Offiziers, die uns auf dem Flug begleiteten.

Nicht nur für mich war dies der erste Flug und deshalb auch einigermaßen aufregend. Zunächst ging es nach Frankfurt und von dort mit einer größeren Maschine nach New York. Die ersten Erfahrungen mit der Zeitumstellung, der lange Flug über den Wolken, all das hielt unseren Adrenalinspiegel konstant hoch, an Schlaf war nicht zu denken. Groß war die Aufregung, als wir zum ersten Mal die »Grünspanelli«, so wurde die Freiheitsstatue genannt, aus der Luft zu sehen bekamen. Dann landeten wir auch schon auf dem Kennedy Airport. Die Einreiseformalitäten zogen sich schon damals ähnlich lange hin wie heute, doch auch das war bald geschafft und es ging endlich nach Brooklyn, wo die Kybfels in der Nähe der Brooklynbridge festgemacht war.

Als wir an der Pier angekommen waren, war die Kybfels bereits seeklar, hatte quasi nur auf uns gewartet und die gesamte Besatzung, die sich auf die verschiedenen Decks verteilt hatte, stand an der Reling und begutachtete uns aus der Ferne. Mein Ausgeh- und Sonntagspäckchen bestand aus einem blauen Oberhemd, einem blauen Sacko und meiner ersten blauen Lewis, auf die ich sehr stolz war und die ich gegen den Wunsch meines Vaters angezogen hatte. Diese Kleiderordnung, heute durchaus modisch, passte damals nicht zum allgemeinen Modegeschmack und ich wurde unfreiwillig Zeuge der missbilligenden Kommentare des Kochverwalters, der sich selbst wohl für einen Modekenner hielt. Heute völlig unbedeutend, war dies mein erster Eindruck, der sich beim an Bord kommen bei mir festgesetzt hat.

Mit Steam teilte ich mir eine Zweimannkammer an der Backbordseite im Mannschaftsdeck. Auf der Steuerbordseite waren die höheren Mannschaftsgrade untergebracht, die uns beim »Einschiffen«

behilflich waren und uns die Messe, Toiletten, Duschen etc. zeigten. Steam und ich waren uns bei der Aufteilung von Kojen, Schränken und Schubladen schnell einig. Alles was »unten« und »rechts« war, gehörte ihm, alles »oben« und »links« gehörte mir. So war unser Gepäck schnell in Schränken und Schubladen verstaut. Waschbecken und Schreibtisch nutzten wir beide. Steam hatte einen tollen Weltempfänger mit Kassettendeck, unser Musikgeschmack war identisch, es hätte nicht besser kommen können.

Dann hieß es »Klar vorn und achtern«! Auf den Schwesterschiffen war unser Deck das Passagierdeck. Auch unser Deck hatte, wie auf den Schwesterschiffen, Teakholzplanken im Außenbereich. Von dort konnten wir das Ablegen mit Spannung verfolgen und alles beobachten. Den Einsatz der Schlepper, den Hafenbetrieb, das Maschinengeräusch »unseres Dampfers«, das emsige Treiben an Deck, klarieren der Leinen, das Einholen der Fender, Einholen der Gangway, alles seefest machen. Wahnsinn, was es alles zu tun gab und wie alles wie am Schnürchen funktionierte. Ich träumte davon, schnell ein Rädchen in diesem Getriebe zu werden und freute mich, zu lernen und das Gelernte in der Praxis umzusetzen.

Jetzt geht es endlich los!

Nachdem der Lotse von Bord war, versammelten wir uns in der Messe. Zunächst begrüßte uns »der Alte«, unser Kapitän. Es wurden uns der Lehrer, der Ausbildungsoffizier, der Ausbildungsbootsmann, die Jungleute und Leichtmatrosen auf unserem Deck, vorgestellt.

Informationen prasselten nur so auf uns ein, den Versuch, mir Notizen über das Was, Wann, Wo zu machen, habe ich schnell aufgegeben. Lieber zuhören und Unwichtiges von Wichtigem unterscheiden, die Dinge auf sich zukommen lassen. Wir hatten alle Zeit der Welt, denn unser Ziel war der Persische Golf. Wegen des damals noch geschlossenen Suez Kanals mussten wir das Kap der guten Hoffnung umrunden. Nur ein Zwischenstopp auf Kapstadt Reede zur

Übernahme von frischem Proviant, ansonsten vier Wochen Seereise und kein Land in Sicht.

Nach dieser Einführung zogen wir unsere Arbeitspäckchen an und der Bootsmann nahm uns mit an Deck. Achterkante Back ließ uns der Bootsmann Taustroppen spleißen. Nie werde ich vergessen, wie wir noch in Sichtweite von Ambrose Feuerschiff gegen den Wind gekotzt haben. Es war grauenvoll. In der Brückennock und auf allen Decks standen Besatzungsmitglieder und amüsierten sich über uns. Einzig unserem Bootsmann gefiel dies Treiben nicht. Er erzählte uns schnell was von Luv und Lee und meinte, da müssten wir jetzt durch, aber das würde vorübergehen.

Seekrank zu werden ist keine Schande. Unser Gleichgewichtsorgan gibt Meldungen über Bewegungen an das Gehirn, die so dort nicht bekannt und gespeichert sind. Das Gehirn reagiert »verstört« und gibt entsprechende »Falschmeldungen« an Kreislauf und Magen, die dann die typischen Symptome der Seekrankheit auslösen. Als Kind hatte ich schon auf wilden Barkassenfahrten im Hamburger Hafen und auf Ausflügen nach Helgoland Touristen kotzen sehen, ohne die geringste Übelkeit zu verspüren und war deshalb zutiefst davon überzeugt, nie Seekrank zu werden, aber weit gefehlt. Von uns sechs Jungs hat es mich am Schlimmsten erwischt. Auf Ausguck in der Brückennock stand ich im peitschenden Regen in meinem durchnässten Parka. Immer eine zerbröselte Scheibe Schwarzbrot in der Tasche, ständig am Kauen, damit beim Würgen nicht nur grüne Galle nach oben kam. Das Kotzen tat weh und raubte mir alle Kraft. Fürsorgliche Mannschaftsmitglieder sparten nicht mit guten Ratschlägen. So solle man zum Beispiel, wenn man einen braunen, behaarten Ring beim Kotzen sichtet, das Kotzen einstellen, da es sich bei diesem braunen, behaarten Ring um das eigene Arschloch handele. Ein weiterer Tipp war, einen fetten Speckwürfel an einem Bindfaden zu befestigen und diesen wechselweise schlucken und wieder aus dem Schlund herauszuziehen. Es war grauenhaft. Wenn mir heute jemand erzählt, dass er auf der Reise nach Helgoland seekrank war, muss ich lachen. Diese Übelkeit hat mit Seekrankheit nichts zu tun. Wenn man seekrank ist, will man sterben, man wird willenlos. Gleichwohl bin ich mit Kollegen gefahren, die noch nie seekrank waren. Aber auch Kapitäne, die kurz vor dem Ruhestand waren und noch kotzen mussten, sind mir bekannt. Auch ich bin die Seekrankheit nie losgeworden. Allerdings war dies immer nur nach längerem Urlaub, auf einem anderen Dampfer, nur wenige Tage und ohne mich übergeben zu müssen der Fall.

Der Dienst an Bord

Unser Ausbildungsoffizier erstellte unsere Dienstpläne. Auf See hatten wir vormittags von 08.00 h bis 12.00h theoretischen Unterricht. Dieser wurde von unserem Lehrer, der uns in den Schulfächern Deutsch, Englisch, Mathematik, Gesellschaftskunde unterrichtete und dem Ausbildungsoffizier, der Seemannschaft, Lichterführung etc. lehrte, geleitet.

Im wöchentlichen Wechsel waren wir nachmittags im Brückendienst, an Deck oder als Backschafter eingesetzt.

Auf der Brücke gingen wir Ausguck, lernten steuern, halfen bei den Wetterberichten, lernten Navigationsgeräte und die gesamten Brückeninstrumente und deren Bedeutung kennen.

An Deck, beim Bootsmann, erfolgte die praktische seemännische Ausbildung. Pflege und Erhaltung des laufenden und stehenden Guts, Schmieren, Fetten. Entrosten, Malen, Farbe waschen. Tauwerk- und Drahtspleißen. Spleiße begleiten. Beschädigte Stroppen aussortieren, neue herstellen.

Alle erlernten Tätigkeiten wurden in einem Berichtsbuch festgehalten, vom Ausbildungsoffizier kontrolliert und benotet. Das Berichtsbuch musste später, anlässlich der Matrosenprüfung, den Prüfern vorgelegt werden.

Als Backschafter hatte man die Betriebsgänge, die Toiletten, die Duschen sauber zu halten. Zu den Mahlzeiten in der Messe die Tische einzudecken und Essen zu servieren. Es machte mir nichts aus, Toiletten zu reinigen, zu fegen, zu feudeln, aber wenn es daran ging, Essen zu servieren, ging meine Stimmung in den Keller. Besonders heftig war es für mich, wenn es sogenannte Tellergerichte gab. In der

Kombüse wurden quasi die Speisen auf dem Teller hergerichtet, die dann nach oben in die Messe geschleppt werden mussten. Einer wollte nur zwei Kartoffeln, der andere mehr Gemüse, warum ist mein Fleischstück so klein, das habe ich schon schneller gesehen, nimm den Daumen aus der Soße, usw. usw. Bei Schlechtwetter mussten die Tische mit feuchten Tüchern und Schlingerborden ausgestattet werden, damit die Teller nicht über den Tisch rutschten. Hatte man es mit dem großen Tablett geschafft, den Niedergang zu erklimmen und setzte der stampfende und rollende Dampfer beim Absetzen des Tabletts heftig ein, so gab es schon mal Bruch, man musste die Sauerei am Boden beseitigen, durfte aber auch den Serviervorgang nicht zu lange unterbrechen. Die Jungs hatten Hunger und forderten Nachschlag. War dies geschafft, kam die Getränkebestellung. Die Jungs schrieben auf sogenannte Ticketblocks ihren Getränkewunsch und unterzeichneten mit Datum und Unterschrift. Z. B.: »1 Cola, Name, Datum, Unterschrift«. Diese Tickets wurden beim Koch-Verwalter gesammelt und monatlich zur Abrechnung dem Dritten Offizier übergeben. Eigentlich alles unproblematisch. Eigentlich, ich komme gleich wieder darauf zu sprechen.

Die Kombüsenmannschaft bestand damals noch aus dem Kochverwalter, der für Einkauf und den Speiseplan verantwortlich war und als Chef der Kombüsencrew und der Stewards fungierte. Einem ersten und einem zweiten Koch sowie zwei Kochsmaaten, von denen der eine Bäcker, der andere Schlachter war. Man bedenke, dass Schiffe, die heute mit 15 Mann unterwegs sind, damals Besatzungsstärken von 30–40 Mann hatten.

Der Kochverwalter an Bord von MS Kybfels war eine ganz spezielle Type. Er war ein sehr guter Koch, alles, was seine Kombüse verließ, war schmackhaft, nahrhaft und abwechslungsreich, aber er brauchte diese Bestätigung nicht wöchentlich, täglich, sondern am liebsten stündlich. Blieb Lob und Bestätigung aus, schmollte er wie ein altes Weib.

Negative Kritik an seinem Essen führte bei ihm zu Magen- und Herzbeschwerden, war also tunlichst zu unterlassen. Wurde ein aus seiner Sicht negatives Verhalten eines niederen Dienstgrades, wie es ein Decksjunge nun einmal war, von ihm festgestellt, so waren schärfste von ihm veranlasste Sanktionen die Folge.

Es gab ein bei den Mannschaften beliebtes Essen: Bratkartoffeln, Roastbeef, Remoulade, bunter Salat, Nachtisch. Die See war ruhig. Ich durfte in Schüsseln servieren. Jeder konnte sich nehmen, soviel er wollte. Ein perfekter Tag für mich als Backschafter, dachte ich, bis dahin.

Als in der Kombüse mein Tablett mit den Schüsseln mit Remouladensoße beladen war, führte mich mein Weg von der Kombüse zur Mannschaftsmesse an der Kammer des Kochverwalters vorbei. Nun machte ich just im Vorbeigehen an der besagten Kammer den unverzeihlichen Fehler, das Tablett in Richtung meiner Nase zu bewegen, um an der Remoulade zu riechen. War das ein Aufschrei! Fast hätte ich das Tablett mit den Schüsseln fallen lassen. Der Kochverwalter war außer sich. Wie ich es wagen könnte, an seiner Soße zu riechen, unerhört sei das, sowas habe er noch nie erlebt, usw., usw., brüllte er hinter mir her. Ein weiterer Fehler, den ich begangen hatte, war wohl, dass ich sowas wie »leck mich am Arsch« in meinen noch nicht vorhandenen Bart gebrummt habe.

Oben angekommen, war die Stimmung gut. Die Jungleute und Leichtmatrosen kannten wohl diese Wutausbrüche des Kochverwalters und amüsierten sich darüber. Nach dem Essen ging es an die Getränkebestellung, wie eingangs schon erwähnt. »Morphi, Ticketblöcke sind alle, hol' ma' neue beim Chef«, lautete die Order. Scheiße! Was nun? Ich musste in die Höhle des Löwen, die Kammer des Kochverwalters, um Ticketblöcke zu holen.

Ehrfürchtig klopfte ich an die offene Kammertür, trat ein und bat höflich um Ticketblöcke. Erneutes Geschrei. Er habe genau gehört, was ich auf meiner Flucht vor ihm gesagt habe und jetzt könne ich ihn am Arsch lecken. Ticketblöcke bekäme ich jedenfalls keine von ihm.

Verdammt, das hatte doch alles so gut angefangen und jetzt das. Oben die Meute, die ihre Getränke bestellen wollte und langsam unruhig wurde. Unten der Kochverwalter. »Wie komme ich aus der Nummer bloß wieder raus?«, dachte ich mir. Auf unserem Deck befanden sich ja auch die Toiletten. Ich holte mir also eine Rolle Klopapier und fertigte so eine ausreichende Menge »Tickets«. Die Jungs tätigten nunmehr ihre Bestellungen, ich holte die Getränke und legte die selbstgebastelten Tickets dem Kochverwalter auf seinen Schreibtisch. Er nahm sie in die Hand, ließ sie fallen, sank auf sein Sofa,

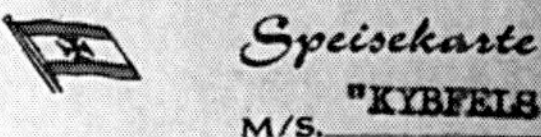

Speisekarte

M/S. "KYBFELS"

Bußtag, See	Mittwoch	19.11.69
ORT	TAG	DATUM

FRÜHSTÜCK: Milch mit Cornflakes
Ölsardinen auf Toast
fr. Kümmel und Mohn
Brötchen

MITTAGESSEN: Möhrencremsuppe
Kalbs - Braten
frischer Blumenkohl
Dampfkartoffeln
Bratensauce
A P F E L

KAFFEEZEIT: Kaffee und Obst - Torte

ABENDBROT: Paprika - Fleischkloße
auf Reis mit Gurken
Salat
Wurstplatte
Käseplatte

Hauts Rein Buam!!!!!!

Speisekarte

M/S. "K Y B F E L S"

Auf See	Donnerstag	2o.11.69
ORT	TAG	DATUM

FRÜHSTÜCK: Banane
Haferflockensuppe
fr. Brötchen
Strammer Max
mit Salami

MITTAGESSEN:
Fruchtkaltschale
und Suppe warm
Schmorsteak a'la Jockey
Brechbohnen in Butter
Sauce
Salzkartoffeln
A P F E L S I N E

KAFFEEZEIT:
Kaffee und Schnecken

ABENDBROT:
Currywurst mit
pommes Frittes
Remouladensauce
Crrysauce
Käseplatte
Eiscreme a'la Helene

seine Hand fuhr an sein Herz. Er röchelte, dass dies unweigerlich einen Tagebucheintrag (Abmahnung) und einen Termin beim Alten nach sich ziehen werde. Eilends verließ ich die Kammer des vermeintlich dahinsiechenden Kochverwalters. Mann, ging mir der Stift.

Schon am nächsten Morgen musste ich beim Alten antreten. Der Kochverwalter saß grinsend auf dem Sofa im Kapitänssalon, ich stand gesenkten Hauptes neben dem Schreibtisch des Alten. Der Alte baute sich vor mir auf und zeigte dem Kochverwalter seinen Rücken. Nun ging das Donnerwetter los. Was mir eigentlich einfiele, und so weiter. Als der Alte kurz Luft holte, um in seinem Redeschwall fortzufahren, traute ich mich kurz aufzublicken und stellte fest, dass er mir ständig zuzwinkerte und am Grinsen war. Nun musste ich meinen Blick schnell wieder senken, um nicht zu lachen, und das Schmierentheater auffliegen zu lassen.

Natürlich bekam ich auch keinen Tagebucheintrag. Auf der nächsten Brückenwache stand ich am Ruder, als sich der Alte neben mich stellte und mich leise fragte, so dass es der Wachoffizier nicht mithören konnte: »Und, wie war ich?« Meine Antwort: »Super, und herzlichen Dank, Herr Kaptän!«

Wir nähern uns der Südhalbkugel!

Das Wetter wurde von Tag zu Tag besser, manchmal glaubte man, auf einem Ententeich unterwegs zu sein. Wir bekamen wieder Farbe in das Gesicht und wurden mehr und mehr »nützliche« Besatzungsmitglieder. Bootsmann Jan war unsere »Mutter ohne Brust«. Er durfte uns zusammenscheißen, wenn es erforderlich war, aber wehe, es wagte ein anderer, etwas gegen »seine Jungs« zu sagen. Da ging aber die Post ab! Jans Spruch war: »Wenn ich Zorn habe, wiege ich zwei Zentner«!

Auf Seewache mitten im Atlantik gab es auch immer mal Gelegenheit, mit dem Wachoffizier zu klönen. Da etwa 80% der Kapitäne und nautischen Offiziere auch bei Hansas gelernt hatten und Jan seit seinem 14. Lebensjahr für Hansas fuhr, kannten ihn natürlich viele aus der Vergangenheit. Da stellten wir natürlich die Ohren und hörten wissbegierig zu, was es über Jan zu erfahren gab. So erfuhren wir zum Beispiel, dass sein Spitzname, »Schwarzer Panther von Bremen« lautete. Über die Herkunft seines Spitznamens wurde nichts bekannt, aber ich habe meine eigenen Schlüsse gezogen, nachdem ich den Bootsmann einmal unter der Dusche gesehen habe. Kopf, Hals, Ellenbogen und Hände waren tiefbraun, fast schwarz. Der Rest seines Körpers hatte die Farbe eines Camemberts. Jan hatte kein Gramm Fett an sich. Sein Körper bestand nur aus Muskeln und Sehnen. Trotz seiner geringen Größe konnte ich mir das mit den zwei Zentnern gut vorstellen. Wenn wir in den Masten gearbeitet haben um Blöcke zu schmieren oder zu malen, kam er bisweilen Hand über Hand mit nach vorne gestreckten Beinen am Renner des Schwergutbaumes nach oben, drückte die Tallje auseinander und machte »das Kreuz«. Nachdem wir unsere Münder nach dem Erstaunen wieder geschlossen hatten, sagte er immer: »Wer mir das nachmacht, darf mich duzen!«

»Jeder Seemann ein Artist, zwei Seeleute, ganzer Zirkus«, war fortan ein geflügeltes Wort bei uns an Deck.

Die Tage und Nächte rauschten nur so dahin. Egal, ob nach Decks- oder Wachdienst ging es meist sofort in die Koje und man fiel in einen tiefen Schlaf. Das Brummen der Hauptmaschine hörte man schon nicht mehr. Nur wenn wir auf See mal einen Stopper hatten, wurde man sofort wach.

Ein paar Tage vor der Äquatorquerung änderte sich plötzlich die Stimmung an Bord. Eine nicht zu definierende Aufgeregtheit machte sich breit. Es wurde oft leise gesprochen. Wenn sich einer von uns Decksjungen näherte, verstummten die Gespräche. Was war da bloß los? Wenn man zum Duschen gehen wollte und einer der höheren Dienstgrade stand noch unter der Dusche, bekam man einen Anschiss. Man solle gefälligst warten, bis der Duschraum frei ist. Alles Dinge, die es vorher nicht gab. Komisch! Keiner von uns sechs Jungs konnte sich einen Reim darauf machen. In der Woche vor dem Passieren des Äquators wurden wir alle zum Decksdienst beim Bootsmann eingeteilt, was ungewöhnlich war und nicht der bisherigen Routine entsprach. Es hieß, alle Mann würden an Deck gebraucht, um ein Schwimmbecken zu bauen und um Sonnensegel über Luke vier zu spannen. Zwischen den Luken vier und fünf wurde eine Persenning eingelegt, mit Kanthölzern, Sperrholzplatten und Schraubzwingen gesichert und das so entstandene Becken mit Seewasser geflutet. An den Rennern der Ladebäume wurden ebenfalls Persenninge befestigt und gehievt, so dass sie einen Sonnenschutz boten. Wir glaubten bis zu diesem Zeitpunkt tatsächlich an die Errichtung einer Badelandschaft. Bis zur Nacht vor der Querung!

Gegen 23.00 h Bordzeit, wir lagen alle schon in unseren Kojen, ein fürchterlicher Krawall und Geschrei in unserem Deck. Die Kammertür wurde aufgerissen, wir wurden angebrüllt und aufgefordert, uns sofort anzuziehen und auf unserem Deck zu erscheinen. Es handelte sich um zwei Polizisten, die zu Neptuns Gefolgschaft gehörten. Ausgestattet mit Tropenhelm, Khakijacke, Baströckchen und Gummiknüppel erkannte ich unseren sonst nie brüllenden Zweiten Offizier. Unsere verpennten Augen nahmen nun ein großartiges Spektakel wahr. Alle die wachfrei waren, drängten sich an der Reling auf unserem Deck. Neptun in seiner vollen Größe, flankiert von zwei weiteren Polizisten, war aus dem Meer zu uns an Bord gestiegen.

Neptun begrüßte zunächst unseren Kapitän, bedankte sich für den Willkommenstrunk und fragte den Alten, ob er auf dieser Reise Staubgeborene dabei habe. Dies wurde vom Kapitän bestätigt und wir von den Polizisten auf Decksnaht zurechtgeschubst. Neptun begutachtete uns. Wie auf einer Pferdeschau wurde unser Gebiss geprüft. Arm- und Beinmuskeln wurden begutachtet und durchgängig als zufriedenstellend beurteilt. Neptun bat den Alten nunmehr, alles für die am nächsten Morgen stattfindende Taufe vorzubereiten, damit für ihn und sein Gefolge alles wohl vorbereitet sei.

Nun wurden wir von den Polizisten abgeführt und in einen winzigen Raum im Deckshaus eingesperrt. In diesem Raum befand sich ein Heizkörper, der volle Pulle lief, sich aber von uns nicht abstellen ließ, weil der Blitz, unser Bordelektriker, alle Bedienschalter entfernt hatte. Gleiches galt für den Lichtschalter. Der Raum war so klein, dass man sich nicht legen konnte. Gingen drei Mann in die Hocke, um ein wenig zu dösen, mussten die drei anderen stehen. Eine furchtbare, nicht enden wollende Nacht für uns.

Wir Neptun, Beherrscher aller Meere, Seen und Flüsse, Teiche und Tümpel beurkunden hiermit, daß der Staubgeborene G. Günther an Bord des Uns wohlbekannten Motor-Schiffes „Kybfels" am heutigen Tage vom Schmutz der Nördlichen Halbkugel gereinigt und nach Unserem äquatorialen Ritus auf den Namen Kabeljau getauft worden ist, also daß derselbige gehörig gesalbet und wohl vorbereitet sei, Unsere Gewässer südlich des Äquators zu befahren.

Zeugen:

An Bord, Äquator, anno MCMLXIX
9. November

Neptun.

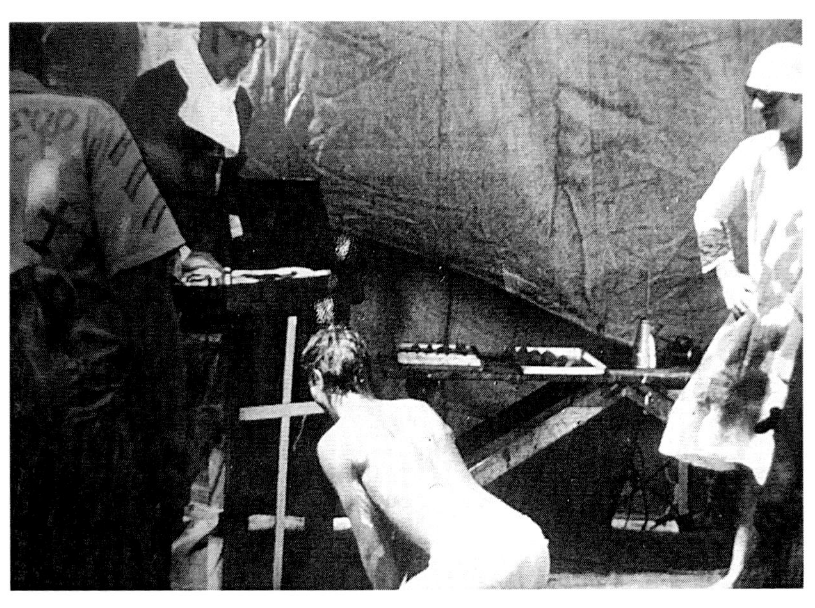

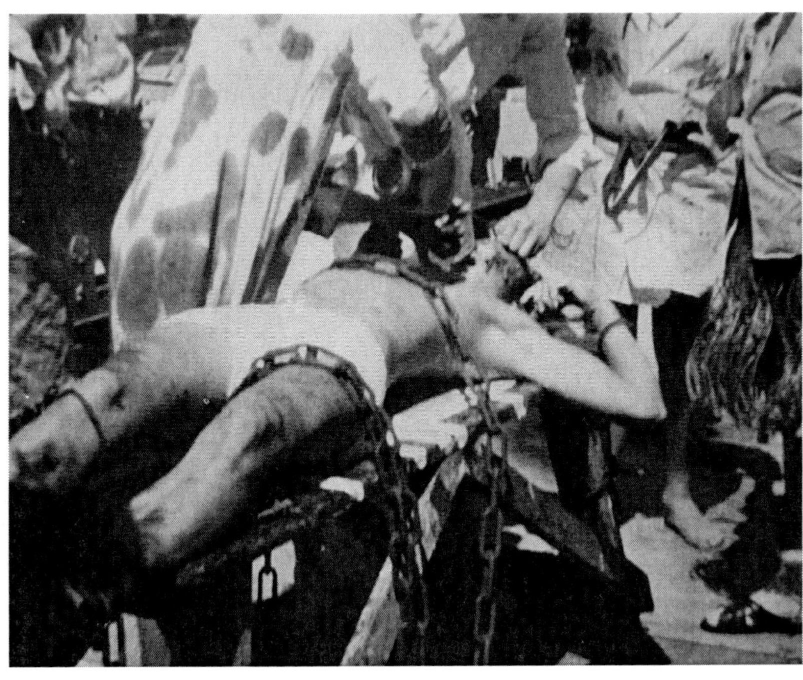

Am frühen Morgen hörten wir geschäftiges Treiben an Deck. Viele Menschen waren damit beschäftigt, das, was wir für eine Badelandschaft hielten, für die Taufe herzurichten. Dann irgendwann wurde die Tür aufgerissen, mein Name gebrüllt, ich ging raus und hinter mir wurde die Tür wieder verschlossen. Aus völliger Dunkelheit in das gleißende Licht der Äquatorsonne, ich sah erstmal nichts und wurde von einem Polizisten zu Neptun geführt. Auf einer Bank hatten Neptun und seine Frau Tetris sich niedergelassen. Hier musste ich zunächst niederknien und die Füße von Tetris und Neptun küssen. Dies alleine wäre nicht so schlimm gewesen, hätten Tetris und Neptun ihre Füße nicht vorher in einen Topf mit einer grünen Pampe getaucht, die nach Spinat und Speckwürfel roch. Die Kombüse hatte ganze Arbeitet geleistet, wie ich bei einer weiteren Taufstation noch feststellen durfte.

Von dort ging es zum Pastor, der aus einem dicken Buch der gesamten Mannschaft vorlas, welche Sünden ich in meinem noch so jungen Leben bereits begangen haben sollte. Nun durfte ich mich aus meiner knienden, ehrfürchtigen Haltung befreien und mich aufrichten. Der Pastor schloss sein dickes Buch, welches schwarz, in Holz eingebunden und auf dem Deckel mit einem großen Kupferkreuz versehen war. Nun musste ich meine rechte Hand auf dieses Kreuz legen und laut bekunden, dass ich meine Sünden bereute. Es drang plötzlich ein Surren an mein Ohr, welches aus Richtung Hauptdeck kam, das ich aber nicht einsehen konnte. Kaum hatte dies Surren mein Ohr erreicht, erreichte mich auch der Stromstoß, der von einem Maschinenassistenten mittels Handdynamo erzeugt wurde. Mein kurzer Aufschrei schien alle Anwesenden außerordentlich zu erheitern.

Weniger aufregend war die Station beim Sterngucker. Er zeigte mir durch ein selbst gebautes, mit Salzwasser gefülltes Fernglas die Äquatorlinie, und schickte mich dann durch einen Windsack. Diese Windsäcke, zur Belüftung der Luken gedacht, waren hier zweckentfremdet worden. Dort durchzukriechen wäre auch keine Hürde für mich gewesen, wäre da nicht ein auf mich gerichteter Wasserstrahl, aus einem mit der Deckwaschleitung verbundenen C-Rohr gewesen. Es fühlte sich an, als sei der ganze Windsack geflutet worden, von dem Strahl getroffen glaubte man, die Haut schält sich ab.

Alle Staubgeborenen mussten sich natürlich einer Untersuchung unterziehen, denn Neptun duldete es nicht, dass Krankheiten eingeschleppt wurden. Zunächst musste ich eine Pastille schlucken, die dafür sorgen sollte, dass mein Körper von innen gereinigt wird. Diese Pastille war ein im Teigmantel eingebackenes Etwas, das aus Tabasco, Pfeffer und ähnlichen Zusatzstoffen bestand und mir fast den Atem nahm. Wollte ich nachspülen, wurde Seewasser gereicht. Nun wurde ich in Ketten gelegt und auf eine mit Kronkorken zugenagelte Stelling gelegt. Diese Kronkorken zeichneten sich noch Stunden später auf meinem Körper ab. »Schlimmer kann es nicht kommen«, dachte ich. Nun trat der 2.O., alias Äquatorpolizei, an meine Seite und redete beruhigend auf mich ein. Dass was jetzt käme, sei etwas schmerzhaft, werde aber sofort desinfiziert und verbunden. Wenn ich wolle, dürfe ich auf seinen mir dargebotenen Gummiknüppel beißen. Dies lindere den Schmerz und vermeide das peinliche Schreien. Einer der Doktoren, unser Storekeeper, brachte ein geschmiedetes Hansakreuz mit ca. fünf Zentimeter Durchmesser mittels Lötlampe zum Glühen. Ein jeder Hansafahrer habe dieses Brandzeichen auf der rechten Arschbacke. Dies geschehe im Übrigen außerhalb von Neptuns Protokoll und sei reine Hansa-Tradition, und bei anderen Reedereien nicht üblich. Als diese Ansprache vorbei war, hatte ich den Gummiknüppel schon fast durchgebissen. Als das Eisen weiß glühte, wurde mir die Hose heruntergezogen, es zischte, roch nach verbranntem Fleisch, und ich spürte einen stechenden Schmerz auf der rechten Arschbacke. Schwer atmend fühlte ich, dass sowas wie Salbe auf die Stelle aufgetragen und mit Mull bedeckt wurde. Meine Hose wurde hochgezogen und ich wurde in den Frisörsalon geschleppt.

Zwei Frisöre, mit entsprechendem Werkzeug ausgestattet, baten mich, auf einem Schemel Platz zu nehmen. Dieser Schemel stand an der Kante des Taufbeckens, in dem bereits zwei Neger (damals durfte man das noch sagen), gierig und zähnefletschend lauerten. Auf der Arbeitskleidung der Frisöre waren zwei Haarschnittmodelle aufgemalt, von denen ich mir eine Frisur aussuchen durfte. Bei »New Look« war noch so etwas wie Haarbüschel zu erkennen, »Old Fashion« war ein Kahlschnitt. Ich wählte Old Fashion und wurde eingeseift. Der Seifenschaum war wohl aus Kernseife hergestellt und brannte fürchterlich in den Augen. Nachdem die Frisöre ihre Arbeit beendet hatten und sich noch großblumig für ihre Leistung gegenseitig lobten, wurde ich vom Hocker in das Taufbecken geschubst.

Die Neger packten mich sofort und tauchten mich unter. Ein Entkommen war unmöglich. Ihre mit Kakaobutter eingeölten Körper waren so glitschig, dass ich es nicht schaffte, mich an ihnen hochzuziehen. Immer wenn ich auftauchte, wurde mir die Frage nach Bier und Schnaps gestellt. Nach zwei Kisten Becks und einer Buddel Schluck durfte ich, vom Staube der Nordhalbkugel gereinigt, das Taufbecken verlassen.

Wieder zu Neptun und Tetris geführt, erhielt ich den Segen Neptuns und meinen Taufnamen »Kabeljau«!

Jetzt durfte ich das Taufgelage verlassen, mich reinigen und anschließend bei der Taufe meiner Macker, als bereits Getaufter zusehen.

Wegen der Brandwunde verließ ich mit dem rechten Bein humpelnd das Deck. Noch vor dem Gang zur Dusche ging ich auf die Kammer, stellte einen Stuhl vor den Spiegel über dem Waschtisch, zog die Hose runter und sah nichts! Außer meinem Hintern, nichts. Kein Brandzeichen, keine Blasen nichts, nichts, nichts. Das gibt es doch nicht! Wie kann das angehen?

Alles was sich für uns Decksjungen so dramatisch anfühlte, war der Aufregung, dem Können der schauspielenden Besatzungsmitglieder und, zugegeben, auch ein wenig Angst geschuldet. Vor dem Deckshaus, in dem wir eingesperrt waren, stand die ganze Nacht über eine Wache. Wäre jemandem schlecht geworden, hätte man ihn sofort rausgeholt. Alles, was wir schlucken mussten, wurde in der Kombüse zubereitet. Neptuns und Tetris Füße waren sauber gewaschen. Der Stromschlag, den wir bekamen, hatte Volt, aber wenig Ampere, war also auch harmlos. Aber die Nummer mit dem Brandeisen war die Spitze. Als der Maschinenassistent mit dem Eisen nach hinten ging, hatte er das Eisen auf eine Speckschwarte gedrückt und zeitgleich hatte ich ein Stück Eis auf den Hintern bekommen. Diese Nummer hat nicht nur bei mir, sondern auch bei allen Täuflingen nach mir funktioniert. Ich stand sogar später bei meinen Kameraden am »Behandlungstisch« und habe den Reden des Polizisten beigepflichtet, dass alles halb so schlimm sei.

Am Abend stieg dann auf unserem Deck die Taufparty. Natürlich mussten wir von unserer Mosesheuer nicht mehr als eine Kiste Bier beisteuern. Noch einmal mussten wir vor Neptun und unseren Kapitän treten, laut unseren Taufnamen sagen und bekamen dann unsere Urkunden ausgehändigt.

Unser Ziel, der Persische Golf

Die Umrundung des Kaps der guten Hoffnung bedeutete für uns einen kurzen Stopp. Frisches Obst und Gemüse wurden mit einer Bartsch vom Schiffshändler auf die Reede gebracht und mit unserem Kran an Bord geholt. Auch ein Postsack kam an Bord. Von Hansas wurden Familienangehörige ständig mit Fahrplänen versorgt, so wussten die zuhause immer, wann wir wo waren und konnten die Post rechtzeitig an die in den Fahrplänen benannten Agenturen senden. Wir mussten beim Verstauen der Lebensmittel in die Kühlräume ordentlich mit anpacken. Es musste alles flott vorangehen, denn es war sehr warm und – wir hatten einen Fahrplan einzuhalten. Das alles war mir sehr recht, denn ich fühlte schon ein leichtes Kribbeln in der Magengegend in Erwartung der Post von zuhause. Unsere Post nahm der Schiffshändler mit. In ein paar Tagen würden die zuhause wissen, dass es mir gut ging. Zum Anker hieven auf die Back, ein schwarzer Qualmhuster aus dem Schornstein der Kybfels und weiter ging es. Jetzt war Smoketime und Kaffeepause. Wir saßen alle auf unserem Deck und klönten. Alle versuchten einen gelassenen Eindruck zu vermitteln, aber es war deutlich zu spüren, dass alle der Post entgegenfieberten. Endlich kam der Bootsmann mit unserer Post. Gott sei Dank war für jeden von uns ein Brief dabei. Für mich sogar zwei dicke Umschläge. Meine Kuverts waren mit vollgeschriebenem Luftpostpapier gefüllt, mein Macker Steam erhielt amerikanische Dollars von Zuhause. Sein Vater meinte, es sei wichtig, dass sich Steam beim Landgang etwas gönnen und die Zeit genießen könne. Der Scheich, so wurden Bootsleute bei Hansas genannt, merkte, wie alle darauf brannten, die Post zu lesen und befahl »Ausscheiden mit

Decksdienst«. Das bedeutete, dass wir in Ruhe lesen, duschen und Feierabend machen durften.

Steam war »Einzelkind« und der Stolz seiner Familie. Seine Kleidung, sein Schreibzeug, sein riesiges Radio, alles ließ darauf schließen, dass er von zuhause aus sehr gut betucht war. Er ließ mich das aber nie merken. Manchmal allerdings belächelte er mich, weil ich von meinen 80,00 DM Monatsheuer bereits monatlich 50,00 DM per Ziehschein von der Reederei auf mein Sparkonto überweisen ließ. Ich wusste, dass ein späteres Studium teuer werden würde. Von meinem Vater war da nicht viel zu erwarten. Zuhause war am Monatsende meist nur eine Mark übrig, obwohl Vater nach seiner Arbeit noch bis spät in die Nacht für eine örtliche Fabrik Elektromotore privat im Keller reparierte. Mir blieben als Decksjunge 30,00 DM, von denen ich für den Landgang Devisen bekam, um zum Beispiel Souvenirs zu kaufen, fürs Kino und für Wäscherei und Kantinenwaren aufkommen musste. Es hat aber immer funktioniert. Steam hat die meisten Dollars vervögelt und das war auch der einzige Anlass der zwischen uns beiden zu Streit führte. Zwar war ich aufgeklärt, gleichwohl hatte ich immer panische Angst davor, dass er mir irgendeine Geschlechtskrankheit anschleppen und mich anstecken würde. Im Rahmen unseres Unterrichts wurden uns die schaurigsten Bilder von diversen Geschlechtskrankheiten gezeigt. Natürlich wurden wir auch darüber belehrt, wie die Übertragungswege funktionieren und wie man sich davor schützen kann. Aber was nützte das, wenn man auf engstem Raum zusammenlebte und Horror davor hatte, sich etwas einzufangen?

In unserer Nachbarkammer wohnte Heinz. Heinz kam aus dem Kohlenpott und sprach mit breiter, langsamer Bassstimme. Heinz sprach nicht nur langsam, er arbeitete langsam und dachte wohl auch langsam. Begegnete man Heinz an Deck bei der Arbeit, bekam man immer die gleichlautende Ansprache: »Kannste mir maaa heelfen?« Natürlich half man Heinz, aber man hatte ja auch seine »eigene Baustelle«, die abends vom Bootsmann kontrolliert wurde und erledigt sein musste. Heinz war aber ein lieber Kerl und ein gutmütiger Kumpel. Zu gutmütig meist, was von seinem Kammerkollegen oft ausgenutzt wurde. Er war eine rheinische Frohnatur aus Köln und begnügte sich bei »rein Schiff« meist damit, Heinz darauf hinzuweisen, auf welchem Regal noch Staub lag und dass seine Koje noch nicht gemacht sei, während er gemütlich eine Zigarette rauchte. Steam und mir war das Getue der Frohnatur schon lange ein Dorn im Auge, aber Steam meinte, dass müssten die beiden unter sich regeln. Ich stimmte ihm zu. Lange ging das aber nicht gut. Die Frohnatur behandelte Heinz nicht nur wie seinen Leibeigenen, sondern verhöhnte ihn auch noch und machte Witze auf seine Kosten.

Es war nach Feierabend, Abendbrot war vorbei, alle Kammertüren standen offen, als ich mitbekam, wie die Frohnatur Heinz beschimpfte. Ich ging auf den Gang, sah Heinz mit Tränen in den Augen und habe ohne weitere Nachfrage der Frohnatur dermaßen eine verplättet, dass ihm Rotz und Blut aus der Nase lief. Sofort entstand ein Gerangel zwischen uns, welches wiederum alle anderen Junggrade auf den Plan rief, die mich lautstark anfeuerten. »Hau ihm in die Fresse, der Arsch hat's schon lange verdient!« Dieser Lärm drang natürlich bis nach unten in die Offiziersmesse, wo auch unser Ausbildungsoffizier beim Feierabendbier saß. Er nahm immer zwei Stufen auf dem Niedergang und brüllte schon von unten: »Schluss damit, sofort aufhören.« Als wir den ersten Sichtkontakt hatten, hatte ich die Frohnatur gerade im Schwitzkasten und er sah, wer sich da gerade beharkte. Er wurde merklich ruhiger, sagte nur noch: »Auseinander«, und dass er nicht wolle, dass sowas nochmal vorkäme. Ich konnte bald spüren, dass mir alle, einschließlich Ausbildungsoffizier, Bootsmann, alle Junggrade und nicht zuletzt Heinz, dankbar dafür waren, dass ich die Frohnatur in seine Schranken und damit auf den rechten Weg geführt hatte. Heinz hatte fortan nicht mehr unter irgendwelchen Repressalien zu leiden und die Frohnatur nahm an Deck große Umwege in Kauf, um mir nicht begegnen zu müssen.

Eine eingeschworene Gemeinschaft

In den Häfen angekommen, nahm sich der Bootsmann oft die Zeit mit uns an der Pier entlang zu schlendern und erzählte uns etwas über die anderen festgemachten Dampfer. Ärgerlich wurde er immer, wenn wir an einem ungepflegten Schiff vorbeigingen oder wenn über blühenden Rost Farbe geschmiert wurde. Er nannte das »Malen für's Auge«. Wir haben Schiffe gesehen, da konnte man bei geschlossener Luke in den Unterraum gucken. Kamen wir an einem sauberen Dampfer vorbei, strahlte der Bootsmann und fand lobende Worte für die Besatzung.

Hatten wir anfangs noch öfters große Schwierigkeiten immer sofort zu verstehen, was der Bootsmann von uns wollte, oder was uns da gerade aufgetragen wurde: »Halt den Eumel ma' fest, ich geb ihm mit dem Dobbas eins drauf, wenn der Fiez rausspringt, musst du ihn zurückschieben«, so ungefähr lautete die Order beim Wechsel einer Laufrolle des Mc. Gregor Lukendeckels, so waren wir schon bald in der Lage, eine wenn auch noch so kurze Bemerkung richtig zu deuten.

Vier Schiffe hinter uns lag ein Rottendampfer mit neuen Gangwaystroppen, weiß, mit einem blauen Kardeel. Sah toll aus. Der Scheich meinte nur, dass das wohl irgendwie nicht zusammenpasse. Rostiger Dampfer und neue Gangwaystroppen. Unsere Nachtwache hat dann in der Nacht vor unserem Auslaufen alles Erforderliche erledigt. Der Bootsmann tat sehr überrascht, als er im Kabelgat wenig gebrauchte, blau-weiße Gangwaystroppen fand, die genauso aussahen, wie von dem Rottendampfer vier Schiffe hinter uns.

An Bord der Treuenfels, auf der ich als Offiziersanwärter fuhr, wurde in einer Hafenkneipe in Rotterdam ein Decksjunge von einer Nutte für eine Flasche Sekt um seine Monatsheuer gebracht. Der Junge beichtete dies dem Boots- und Zimmermann. Die beiden ließen sich die Lokalität beschreiben, zogen los und haben mit Kuhfuß und Handspake aus der Kneipe eine Achterbahn gemacht. Bezeichnend war, dass dort niemand die Polizei informierte. Offenbar hatte die bewusste Dame einen Kodex verletzt, der die Aktion von Boots- und Zimmermann gerechtfertigt hat.

Eine Konkurrenzsituation bestand immer zwischen den beiden Bremer Reedereien Norddeutscher Lloyd und der DDG Hansa. Obgleich wir im Liniendienst getrennte Fahrtgebiete hatten, kam es hin und wieder doch zu Begegnungen in ausländischen Häfen. Bei Lloyds hielt man uns Hansafahrer für Proleten, umgekehrt waren die bei Lloyds für uns die Lackaffen. Die größte Sensation, die je über den sogenannten Buschfunk ging, war die folgende: Ein Lloyddampfer hatte sich in den Persischen Golf »verirrt«. Wegen langer Liegezeiten im Golf war der Kontakt zu einem anderen deutschen Schiff immer willkommener Anlass, um Bücher, oder Super-8-Filme zu tauschen, ein Fußballspiel zu organisieren, oder mal gemeinsam eine Barbecue-Feier zu veranstalten. Nur mit dem Lloydpack funktionierte das nicht. Die Arroganz, wenn ein Offizier mit spitzen Fingern unsere dargebotene Bücherkiste durchsuchte, war nicht auszuhalten. Auf dem betroffenen Hansadampfer wuchs nun der Ehrgeiz, Lloyds einen Denkzettel zu verpassen.

Eine Schablone mit einem Hansakreuz in Originalgröße wurde gefertigt. Weiße, schwarze, und rote Farbe bereitgestellt. Erste Kontakte zwischen unserer Nachtwache und der Nachtwache des Lloydampfers wurden hergestellt. Mal eine Zigarette an der Pier geraucht, mal ein kurzer Klönschnack, mal auch eine Buddel Bier. Als die Vertrautheit ihren Höhepunkt erreicht hatte, nahm unsere Nachtwache eine Buddel Schnaps mit an Bord des Kollegen und füllte ihn ab. Drei Hansafahrer malten zwischenzeitlich den gelben Lloydschornstein zum Hansaschornstein um.

Das war wohl die größte Schmach, die je einem Loydfahrer zugefügt wurde, zumal es bis zum nächsten Mittag dauerte, bis man bei Lloyds feststellte, was da mit ihrem Schornstein passiert war.

Eine weitere Episode, die von einer Generation von Hansafahrern zur nächsten weitergetragen wurde, ist folgende: In Dammam gab es in den 50er Jahren des letzten Jahrhunderts nur eine Holzpier. Fest mit dieser Holzpier verbunden war ein Holzhaus für Zoll und Einwanderungsbehörde und eine weitere kleine Hütte, die als Barbetrieb und Bordell genutzt wurde. Sowas durfte es eigentlich nicht geben, war aber sowohl vom Zoll, wie auch von den Einwanderungsbeamten geduldet. Wegen des Liniendienstes wurde diese Einrichtung auch ausgiebig von Hansafahrern genutzt, will heißen, die dort tätigen Damen lebten gut von den Besatzungen.

Dies funktionierte bis zu dem Zeitpunkt des Deliktes, welches man heute juristisch als »Beischlafdiebstahl« bezeichnet. Eine Anzeige und polizeiliche Ermittlung war sinnlos, denn das, was dort passiert war, gab es ja offiziell gar nicht. Man wusste sich aber zu helfen.

Nachts wurde ein alter Laschdraht in ausreichender Länge um die Hütte gelegt und auf einem Poller am Heck des Schiffes belegt. Als der der Dampfer ablegte und ca. 100 Meter von der Pier entfernt war, straffte sich der Laschdraht, zog die Hütte ein paar Meter über die Pier und dann ins Wasser.

Menschen kamen dabei nicht zu Schaden, aber das Etablissement schwamm in Teilen im Wasser und wurde auch nie wieder aufgebaut.

Lukendiebstahl und Zollvergehen

Zu unseren Aufgaben im Lade- und Löschbetrieb gehörte auch das Tallieren der Ladung und die Lukenwache. Man bekam vom Ladungsoffizier eine sogenannte Hatchlist, auf der alle Ladungsstücke verzeichnet waren. Es galt zu notieren, wieviel Kisten einer Charge von Bord gingen und ob sie unbeschädigt waren. Stellte man einen Schaden fest, musste man sofort den Offizier verständigen, der gerade Deckswache hatte. War eine Kiste beschädigt und der Inhalt unversehrt, wurde repariert. Dies war äußerst selten der Fall, weil immer gut gestaut und separiert wurde.

Neben dieser Aufgabe waren wir gehalten, die Stauer immer im Auge zu behalten. Dies war im Persischen Golf besonders wichtig, da eine Stauergang oft aus einem ganzen Familienclan bestand, aber nur die Hälfte davon mit den Aufgaben eines Stauers vertraut war. Solange der Dampfer im Hafen lag, fand rund um die Uhr der Löschbetrieb statt. Die Arbeiter lösten sich selbstständig ab, arbeiteten, schliefen und wurden sogar an Deck von eigenen Leuten bekocht. Immer wenn ein Arbeiter die Luke verließ, mussten wir darauf achten, dass nicht eine aufgebrochene Kiste in der Nähe war, die sich langsam leerte.

Als ein Junge in etwa meinem Alter in die Luke kam, herrschte plötzlich Aufregung unter den Stauern und ein wildes Geschnatter hob an. Sowas hatte ich noch nicht gesehen. Der Junge hatte eine fast weiße, bleiche Haut. Nach einem kurzen Gespräch mit einem Stauer, von dessen Inhalt ich natürlich nichts mitbekam, verschwanden die beiden hinter großen Kisten mit Maschinenteilen, die im achteren Bereich des unteren Zwischendecks gestaut waren. Da es gerade nichts zu tallieren gab, weil der Vormann der Arbeiter eine Pause ausgerufen hatte, schlich ich den beiden hinterher. Ich traute meinen Augen nicht. Was ich da zu sehen bekam! Diese Bilder bekam ich lange nicht aus dem Kopf. Schreiend nach dem Zweiten Offizier rannte ich förmlich die Lukenleiter hoch. Der Zweite, der einen schweren Unfall oder einen ertappten Ladungsdieb erwartete als wir an der besagten Kiste angekommen waren, sagte nur trocken: »Mein Gott, was machst du deswegen so einen Alarm, der fickt den doch bloß in den Arsch!«

Meine »Story« machte natürlich schnell die Runde an Bord. Der Lehrer, der mit uns fuhr, musste auf Weisung des Alten bei nächster Gelegenheit eine Unterrichtseinheit mit dem Thema »Sexualverhalten in arabischen Ländern« halten. Er erklärte uns, wie schwer es für einen Mann in diesem Teil der Welt sei, an eine Frau zu kommen. Die Schwiegerväter ließen sich ihre meist noch minderjährigen Töchter quasi in Gold aufwiegen. Deshalb gab es häufig die von mir gesehenen Sexualpraktiken, auch ohne dass es sich um Homosexualität handele.

Unser Ausbildungsoffizier und auch der Bootsmann haben uns oft darauf hingewiesen, dass Lukendiebstahl durch Besatzungsmitglieder hart bestraft wird. Auch wurde uns gesagt, dass so ein Vergehen, wie auch Schmuggel, dazu führt, dass wir uns die Chance versauen, einmal ein Kapitänspatent zu bekommen.

Sehr verwundert war ich, als unser Bootsmann mich mal so nebensächlich wie möglich nach der Schuhgröße »meiner Kleinen«, wie er sie nannte, fragte. Wir hatten in Italien Schuhe geladen und waren auf dem Weg in die Staaten. Da mussten doch tatsächlich zwei Paar Sandalen, Größe 38, aus einer Kiste gefallen sein. Natürlich hatte ich

Verwendung dafür und verstaute sie unter der Schublade meiner Koje. Im ersten Hafen in den USA kam immer die »Schwarze Gang« an Bord. Die Männer wurden wegen ihrer schwarzen Kleidung und den schwarzen Magnum Revolvern so bezeichnet und ihr Auftrag lautete nach Schmuggelware und vornehmlich Rauschgift zu suchen. Als ein baumgroßer Kerl in meine Kammer kam, stockte mir der Atem. Was, wenn der die Schuhe findet? Meine Nervosität bemerkte der Officer wohl, bezog dies aber auf seinen riesigen Revolver, den er am Gürtel trug. »Don't worry, I won't use it.« Sofort begann ich mich für sein Schießeisen zu interessieren, fragte nach Zielgenauigkeit, Durchschlagskraft und so weiter. Mein Interesse gefiel ihm wohl und so wurde mein Puls langsam ruhiger. Ich war sogar in der Lage, ihm einen Kaffee anzubieten, den er dankend annahm.

Eine ähnlich hohe Pulsfrequenz hatte ich nur noch einmal am Zoll im Frankfurter Flughafen.

In Dubai hatte ich drei SEIKO Uhren gekauft. Sie waren auch in Deutschland sehr begehrt, kosteten aber zuhause das Doppelte. Ich hatte nicht vor, damit ein Geschäft zu machen, sie waren für meine Braut, meinen Vater und für die Mutter meiner Braut bestimmt.

Hatte man in Frankfurt seine Koffer vom Rollband geholt, boten sich zwei Wege zum Ausgang. Grün bedeutete, man hatte nichts zu verzollen, Rot bedeutete, man hatte zollpflichtige Waren dabei. Ich schritt beherzt auf Grün zu, als mich ein Zöllner rief und bat, ihm zu folgen. Mann, was ging mir schlagartig der Stift! Ich musste meinen Koffer öffnen, der Zöllner zog seine weißen Handschuhe an, fand eine Flasche Whisky und 200 Zigaretten. »Warum sind Sie so nervös, das ist doch alles okey?« Wie aus der Pistole geschossen antwortete ich ihm, dass ich Seemann sei, 11 Monate nicht zuhause war und dass hinter dieser Tür meine Verlobte und mein Vater auf mich warteten. Sofort klappte er meinen Koffer zu, wünschte mir einen schönen Urlaub und schob mich durch die Absperrung nach draußen.

Schön war die Zeit

Die Fahrzeit auf MS Kybfels war eine tolle Zeit. Es wurde seitens der Reederei nicht nur viel in unsere Aus- und Weiterbildung investiert, man gab uns auch vielfältig Gelegenheit, Land und Leute der von uns angefahrenen Häfen kennenzulernen. Ausflüge in das Landesinnere wurden organisiert und wir bekamen mehr zu sehen als den Rotlichtbezirk einer Hafenstadt. Meist organisierte der Kapitän schon lange vor dem Einlaufen beim zuständigen Agenten oder einem Seemannspastor eine solche Tour. Aber nicht nur wir Jungs freuten uns auf diese Exkursionen, auch mitgereiste Ehefrauen von Besatzungsmitgliedern nahmen gerne daran teil.

So sind wir einmal mit einem vollgeladenen Rettungsboot von Cochin/Indien in den Busch gefahren und haben dort ein Dorf entdeckt, in welchem ein englischer Lehrer arbeitete. Es wurde ein spontanes Fest für uns auf die Beine gestellt.

Auf Ceylon, heute Sri Lanka, haben wir die Schauplätze des Filmklassikers »Die Brücke am Kwai« besucht. In Monlawinia konnte man für umgerechnet fünf DM Lobster bis zum Abwinken essen und pro Gast standen drei Ober zur Verfügung und lasen dem Gast jeden Wunsch von den Augen ab. Es war ein richtiges Paradies. Als Seemann bekam man natürlich auch Angebote, die über das übliche Maß an Gastronomie hinausgingen. »Like my sister, makes much honey for you!«

Leider haben sich diese paradiesischen Zustände schnell verändert, als wir Deutschen unseren Urlaub nicht mehr in Österreich und Italien verbrachten, sondern mit Neckermann in die weite Welt flogen.

Jahre später besuchte ich das gleiche Lokal, als ich schon Nautischer Schiffsoffizier war. Einen guten Platz mit Meerblick bekam man nur mit Backschisch, die Ober schauten eher gelangweilt drein. Damals rauchte ich REVAL und benutzte Welthölzer. Es gab damals ein Monopol auf Streichhölzer. Als ich mit dem Essen fertig war und beim Kaffee eine Zigarette rauchte, hörte ich plötzlich lautes Getöse. Ein Rudel deutscher Touristen war eingetroffen. Sofort habe ich

Zigaretten und Streichhölzer eingesteckt, um mich nicht als Landsmann zu erkennen zu geben. »Bimbo, bring mir ein Bier«, und »Gibt's hier kein Schnitzel?«, waren die geringsten Ausrufe, die mich zum »Fremdschämen« veranlasst haben. Mir war spätestens zu diesem Zeitpunkt klar, dass der Spruch unter Seeleuten: »Gott schütze uns vor Sturm und Wind und Deutschen die im Ausland sind«, seine volle Berechtigung hatte.

Meine Ausbildungszeit auf der Kybfels näherte sich dem Ende. Schon nach sechs Monaten war ich zum Jungmann und ein halbes Jahr später zum Leichtmatrosen befördert worden. Nun stand ein längerer Urlaub an, bis zu meinem nächsten Einsatz als Offiziersanwärter, kurz, OA genannt.

Die Fahrzeit als Offiziersanwärter

Als OA oder auch »Nautischer Assistent« gemustert, lernte ich nun nach und nach immer mehr seegehende Schiffe der DDG Hansa kennen. Als da waren: MS Ockenfels, MS Liebenfels, MS Strahlenfels, MS Frauenfels, MS Steinfels, MS Schönfels und MS Treuenfels.

Auf Treuenfels begegnete ich Andi wieder. Andi war einer von uns sechs Jungs, die auf der Kybfels ihre Seefahrtzeit begonnen hatten. Zusammen mit Steffen, dem Zimmermann, entwickelte sich eine Freundschaft, die sich auch später an Land fortsetzte. Gegenseitige Besuche fanden statt und wir schrieben uns Briefe. Nach diesem Zimmermann wurde auch unser Sohn Steffen getauft.

Dann erfolgte ein Einsatz auf einem Neubau, der MS Gutenfels. Ein Containerdampfer, der aber noch mit Stülken Schwergutgeschirr ausgestattet war, weil man damals noch nicht wusste, ob und wie sich die Containerschifffahrt entwickeln würde. Dass in naher Zukunft Handelswaren nur noch in Containern befördert werden würden, daran glaubten die wenigsten. Dieser »Irrglaube« war auch einer der Sargnägel, der dann irgendwann das Unternehmen DDG Hansa zu Grabe trug.

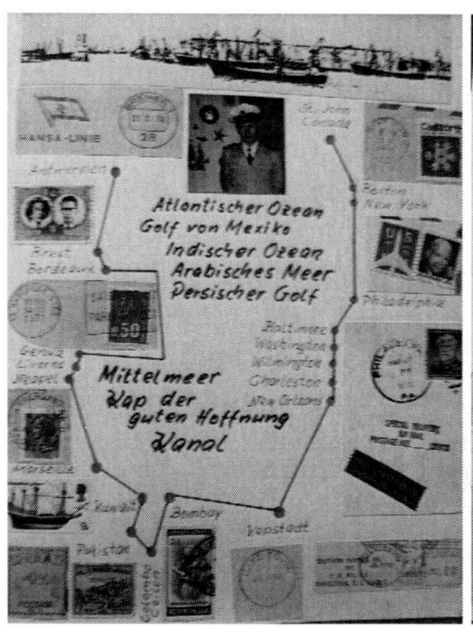

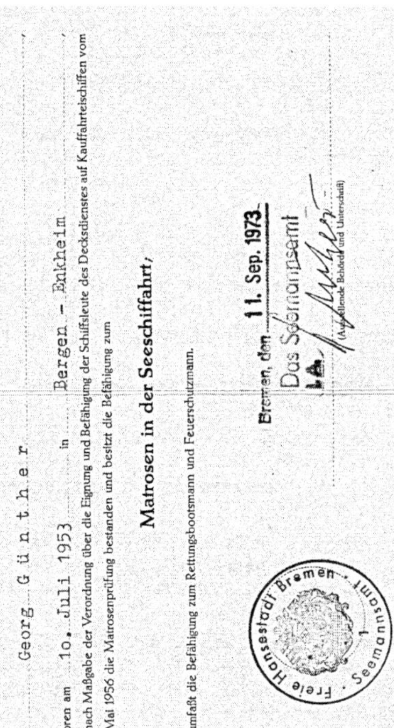

Der Georg Günther

geboren am 10. Juli 1953 in Bergen - Enkheim

hat nach Maßgabe der Verordnung über die Eignung und Befähigung der Schiffsleute des Decksdienstes auf Kauffahrteischiffen vom 28. Mai 1956 die Matrosenprüfung bestanden und besitzt die Befähigung zum

Matrosen in der Seeschiffahrt;

sie umfaßt die Befähigung zum Rettungsbootsmann und Feuerschutzmann.

Bremen, den 11. Sep. 1973.

Das Seemannsamt

(Ausstellende Behörde und Unterschrift)

Freie Hansestadt Bremen · Seemannsamt · 1

Die Anreise zur Gutenfels erfolgte wieder von Bremen aus über Frankfurt, mit dem Flugzeug nach Genua. Mit dem Kochverwalter, der Wert darauf legte, mit »Smutje« angesprochen zu werden, bestieg ich in Bremen das Flugzeug. Was war das? Wenn Smutje sich setzte, waren plötzlich zwei Sitzplätze belegt. Der Sicherheitsgurt verschwand in einer Speckfalte, jedoch tauchte das Ende, welches in das Gurtschloss gehörte, nicht mehr auf. Smutje gab mir ein Zeichen, den Mund zu halten. Mir war klar, dass dieser Mann seinen Beruf liebte und dass es auf der Gutenfels am Essen nichts zu meckern geben würde. Als eine Stewardess durch die Reihen ging, um die hochgeklappten Sitze und angelegten Gurte zu kontrollieren, verwickelte Smutje sie sofort in ein Gespräch. Der Kerl hatte das, was Frauen offensichtlich dazu bringt, ihr eigentliches Tun und alles um sie herum zu vergessen; er hatte Charme. Diese Charmeoffensive führte dazu, dass die Stewardess den nicht vorschriftsmäßig angelegten Gurt übersah und ihren Kontrollgang fortsetzte. Der kurze Hüpfer von Bremen nach Frankfurt war schnell erledigt. In Frankfurt stiegen wir in ein größeres Flugzeug um. Hier änderte Smutje seine Taktik. Er wartete bis die Türen geschlossen und wir startklar auf dem Rollfeld waren. Nun begann er zu poltern und zu schimpfen. Was das wohl für Gurte seien! Ob hier nur »Hungerhaken« und »Kleinwüchsige« befördert würden. Es kamen gleich drei Stewardessen auf uns zugestürzt, sehr bemüht, die anderen Passagiere, die bereits neugierig die Hälse reckten, nicht zu beunruhigen. Ohne viel Aufhebens wurden wir beide in die Businessclass geführt. Hier waren die Sessel breiter und die Sicherheitsgurte länger. Aber nicht nur diese Bequemlichkeit wurde uns zuteil, nein, wir genossen den gesamten Service der »1. Klasse«. Smutje hatte nämlich sofort nach der Sitzplatzveränderung sehr beschwichtigt reagiert und wieder war es sein Charme, der die Damen veranlasste, uns jeden Wunsch von den Augen abzulesen.

Die Gutenfels hatte einen Kapitän, der seinen Hauptwohnsitz in Italien hatte. Auch hatte er viel von der italienischen Lebensart übernommen. Seine Kleidung war immer korrekt, seine Sprache sowohl in Deutsch, wie natürlich in Italienisch immer sehr blumig. Und er war ein sehr gebildeter Mann. Sein Erster Offizier das krasse Gegenteil. Er war etwa genauso alt wie der Kapitän, aber sonst hielt er keinem wie auch immer gearteten Vergleich mit dem Alten stand. Es war auch sehr schnell zu erkennen, dass die beiden sich nicht sonderlich mochten.

In Hannes, dem Bootsmann, hatte ich sehr schnell einen guten Kumpel gefunden. Hannes hatte seine Ehefrau und sein Enkelkind mit an Bord. Hannes Enkel verbrachte viel Zeit mit mir im Office, was manchmal recht anstrengend war. Als OA hatte ich die gesamte Abrechnung für den Dampfer zu erstellen. Dies geschah alles »per Hand« auf einem riesigen Abrechnungsbogen mit fünf Durchschlägen. Die Rechenmaschine funktionierte im Handbetrieb. Stundenlanges Eintippen von Zahlenkolonnen, nach jeder Eingabe ein »Ratsch« mit dem Hebel, der an dem Gerät angebracht war. Das erforderte äußerste Konzentration. Jedoch wurde dem Jungen immer schnell langweilig und er bombardierte mich mit Fragen. Mit Engelsgeduld habe ich die Besuche des Jungen ertragen und Hannes war glücklich, dass der Junge in mir einen Kumpel gefunden hatte.

Es begab sich aber zu der Zeit, dass der 11.11. auf See auf einen Sonntag fiel. Hannes sprach mich nach meiner 4–8 Wache und dem Frühstück, wortkarg wie er war, kurz an: »Schorse, du kommst doch aus einer Gegend, wo Fasching gefeiert wird! 11.11 Uhr, Kabelgatt!« Mehr brauchte er auch nicht zu sagen. Bereits um 11.00 Uhr hatte ich mich unter der Back im Kabelgatt eingefunden. Zimmermann, Storekeeper, der Blitz, waren schon da. Voller Spannung warteten wir auf Hannes und das, was da passieren würde. Hannes traf um 11.05 Uhr ein. Beladen mit einem Zehnlitereimer, der zur Hälfte mit Eiswürfeln gefüllt war, einer Suppenkelle und drei Flaschen Wodka. »Ich mach' uns 'ne Faschingsbowle«, waren seine Worte. Er schüttete den Wodka in den Eimer, rührte mit seiner scheißhausdeckelgroßen Hand einmal um, befüllte die bereits vorhandenen Gläser und gab um Punkt 11.11 Uhr mit seiner Bassstimme die Tageslosung »Hellau!« aus. Für mich war das die kürzeste Faschingskampagne, die ich je erlebt habe. Bereits um 11.30 Uhr war ich hackedicht und habe den Rückzug in meine Koje angetreten.

Da wir im Liniendienst auch regelmäßig Genua/Italien anliefen und es in dieser Zeit auch noch richtige Liegezeiten gab, da der Lade- und Löschbetrieb von Stückgut erheblich mehr Zeit beanspruchte als der Austausch von Containern, bestand auch die Möglichkeit des Kontaktaustausches mit der Landbevölkerung. Nun ist der Mensch im Allgemeinen und der Seemann im Besonderen so konstruiert, dass er sich neben der körperlichen auch nach platonischer Liebe sehnt. Unser Blitz hatte sich mühevoll eine solche platonische Liebe in Genua aufgebaut. Sie stand beim Einlaufen an der Pier und sie winkte ihm lange hinterher, wenn wir Genua verließen.

Der Blitz musste an Bord viel Häme wegen dieser Beziehung einstecken. Ständig beteuerte er, dass es sich bei seiner Bekanntschaft um keine Nutte handele, dass es nicht um Sex, sondern um wahre Liebe gehe.

Natürlich wollten die Jungs nach jedem Landgang vom Blitz wissen, wie es denn gelaufen sei und vor allem, ob etwas gelaufen sei. Anfangs wehrte er sich noch gegen diese Fragerei, doch immer öfter erfüllte es ihn mit Stolz, wenn er davon berichten konnte, dass es zum Austausch von Zärtlichkeiten gekommen war. Nun wollte man mehr wissen. Was für Zärtlichkeiten? »Hat sie Dich endlich mal rangelassen?« Doch er spürte eine aufsteigende Verzweiflung in seinem tiefsten Innern. Es war schon komisch, wie oft sein Mädel Kopfschmerzen oder Regelblutungen hatte und immer wenn er in Genua war. Beim nächsten Treffen wolle er aufs Ganze gehen. So seine Aussage, als er an einem Samstag, vormittags den Dampfer verließ. Er war gut vorbereitet. Blumen, Konfekt, ein tolles Essen, einen Absacker bei seinem Mädel zuhause. Das Mädel zierte sich zwar, doch ihm gelang es im Verlaufe des Abends, ihr Allerheiligstes freizulegen.

Der nächste von den Kollegen eingeforderte Lagebericht lautete nur recht kurz und verbittert: »Die blöde Kuh hat einen größeren Schwanz als ich!« Da keiner der Kollegen mit Schadenfreude reagierte, konnte unser Blitz sich relativ schnell von diesem Schock erholen.

Immer habe ich meine Arbeit mit Freude gemacht, aber das, was mich auf 04.00–08.00 h Wache mit dem Ersten erwartete, wurde zum blanken Horror. Dieser verbitterte, sich vor sich selbst ekelnde Arsch hat keine Gelegenheit ausgelassen, mich zu demütigen und zu beleidigen. Immer wieder erklärte er mir, dass ich viel zu doof sei, um jemals ein Patent zu erlangen, ich solle froh sein, wenn ich mal die Chance bekäme, als Bootsmann zu fahren. Was ihm auch besonders stank, war die Tatsache, dass ich mich immer gut mit dem Maschinenpersonal verstand. Mein Interesse für Technik war schon immer groß. In meiner Freiwache und wenn die Büroarbeit erledigt war, bin ich oft und gerne »in den Keller« gegangen und habe mir dort vieles angesehen und über »das Herz« unseres Dampfers gelernt.

Oft ist es vorgekommen, dass der Erste durch die Gänge lief und, nach dem er vergeblich an meine Kammertür geklopft hatte, laut nach mir brüllte. Wenn ich ihm dann begegnete, schrie er mich an und teilte mir mit, dass ich bei den »Ölfüßen« und »Flurplattenindianern« nichts zu suchen hätte. Damit machte er sich allerdings auch keine Freunde bei den Ingenieuren und ihrer Crew. Wenn es mir besonders dreckig ging, bekam ich von dort und vom Bootsmann oft tröstende Worte.

Zu meinen Aufgaben auf 4-8 Wache gehörte es auch, dem Ersten um 06.00 h einen Kaffee zu servieren. Um diese Uhrzeit kamen Boots- und Zimmermann auf die Brücke und es wurden die zu erledigenden Arbeiten an Deck besprochen. Ich verließ immer um 05.40 h die Brücke und ging nach unten in die Pantry der Offiziersmesse. Dort gab es den frischen Kaffee, den die Kombüsenmannschaft bereits gebrüht hatte. Natürlich gönnte ich mir anfangs auch immer eine Tasse, bis zu dem Zeitpunkt, an dem mich der Erste mit der Stoppuhr in der Hand auf der Brücke empfing. Ich sei ein solcher Lahmarsch, wie ihm in seiner gesamten Seefahrtzeit noch keiner unter die Augen gekommen sei, waren noch die humansten Beleidigungen, die ich mir anhören musste. Ständig gab es etwas an mir oder dem Kaffee auszusetzen.

An einem solchen Morgen, mitten im Atlantik, ruhige See, es schien ein schöner Tag zu werden, stand ich in der Pantry. Mein Groll war so groß, dass ich in die Tasse des Ersten hineinrotzte, dann Kaffee, Milch und Zucker dazugab. Als ich gerade umrührte, stand der Erste plötzlich vor mir. Ich bin erstarrt. Hätte man mir eine Nadel in den Arm gestochen, es wäre kein Tropfen Blut geflossen. Der Erste wollte gerade ausholen, um mir ins Gesicht zu schlagen, als sich das Licht in der Pantry merklich verdunkelte, denn der Bootsmann betrat, von der anderen Seite kommend, die Pantry. »Fasst du mir den Jungen an, haue ich dir dermaßen was aufs Maul, dass wirst du nie mehr vergessen!«, ließ der Bootsmann in ruhigem, sachlichem Ton verlauten. Ohne ein Wort zu sagen, verließ der Erste die Pantry und ging zurück auf die Brücke.

Über diesen Vorfall wurde nie wieder gesprochen. Zu groß war die Angst des Ersten davor, dass bekannt wurde, dass er während seiner Wache die Brücke verlassen hatte. Dieser scheinheilige Sack hat sogar veranlasst, dass künftig von einem Steward um 06.00 h auf der Brücke Kaffee für ihn, den Boots- und Zimmermann und – Achtung! – für mich serviert wurde.

Nur einmal habe ich dieses menschenverachtende Arschloch wiedergesehen. Als Ablöser kam ich als Zweiter Offizier an Bord eines ausgeflaggten Singapur-Hansadampfers. Meist löste ich meinen Kollegen, der einen rund vierzehntägigen Urlaub zuhause verbrachte, in Hamburg ab, fuhr nach Bremen, Antwerpen und Rotterdam, wo der Urlauber dann wieder an Bord kam. Auf diesem unter Singapurflagge fahrenden Dampfer war er Kapitän und begrüßte mich mit den Worten: »Na, Sie haben ja doch Patent gemacht, sind Sie mein neuer Dritter?« »Nein, Herr Kaptän, ich bin Zweiter und wenn ich den Dampfer beladen habe, bin ich in vierzehn Tagen wieder weg!« Eine besondere Genugtuung war für mich, dass seine Wehleidigkeit, die ich noch aus meiner OA- Zeit kannte, sich noch erheblich potenziert hatte. Es gab schon damals kein Krankheitsbild, dass er bei sich nicht erkannt hätte. Auf Seewache habe ich mir stundenlang seine Eigendiagnosen anhören müssen. Für mich die einzige Chance, von seinem Gemecker und den Beschimpfungen abzulenken. Der Lotsenstuhl auf dem er auf Revierfahrt saß war mit Kissen aller Größen ausgepolstert. War das eine Freude zu sehen, wie er sich auf diesen Stuhl gequält hat. Es hat mich für manches entschädigt, was er mir in meiner Lehrzeit angetan hat. Wie er dem Lotsen berichtete, hingen ihm die Hämorriden zentimeterlang aus dem Arsch.

Menschen wie dieser Erste Offizier waren aber die absolute Ausnahme während meiner gesamten Seefahrtszeit.

Besonders gerne erinnere ich mich auch an Andi und Steffen. Andi gehörte zu meiner Decksjungencrew der Kybfels. Kurz vor dem Studium wurden Andi und ich nur noch am Kontinent eingesetzt, damit wir rechtzeitig zum Beginn unseres Studiums zuhause sein konnten. Andi hat in Lübeck, ich in Elsfleth studiert. Der Dritte im Bunde auf diesen Ablösertörns war Steffen, der Zimmermann. Wir drei hatten viel Spaß zusammen und haben es geschafft, als Ablöser immer auf dem gleichen Dampfer einsteigen zu können. Steffen war immer gut drauf, egal, welche Scheißjobs auch anstanden. So wurden wir z. B. über Tage zum Lukenreinigen abgestellt. Der Dampfer sollte Soja laden. Dazu mussten die Luken zunächst besenrein gemacht und dann gewaschen werden. Ein dreckiger, im wahrsten Sinne des Wortes atemberaubender und stupider Job. Aber Steffen hat es immer geschafft, uns jungen Kerls bei Laune zu halten. Wir haben gesungen, Döntjes erzählt und uns so vom oberen Zwischendeck bis in den Unterraum vorgearbeitet. War eine Luke sauber, kam es zum Höhepunkt der Reinigungsaktion. Der Erste hat jeweils eine Handvoll Kaffeebohnen im Unterraum geröstet, sodass in der ganzen Luke nach einer halben Stunde ein herrlicher Kaffeeduft nach oben waberte. Dies zum Gefallen der Kontrolleure.

Das viele Fegen hatte natürlich nicht nur körperliche, sondern auch mentale Auswirkungen auf uns. Bei jeder Begegnung an Deck, in den Gängen, auf der Brücke oder in der Messe, hatte jeder von uns einen imaginären Besen in der Hand und begann zu fegen. Dies hinterließ oft einen verstörenden Eindruck beim Rest der Mannschaft. Besonders, wenn Steffen zu seinen Kehrbewegungen sein Tun mit den Worten: »Jungs, geht zur Seite, die Ecken mach' ich!« untermalte und eine pantomimische Meisterleistung darbot. Neben Verwunderung erntete er auch oft Applaus.

Die Bücherkiste

Es gab es an Bord nicht so viel Unterhaltung, wie das heute möglich ist. Aber an Bord gab es immer einen Super8 Projektor, es wurden mit anderen Dampfern Filme getauscht und in der Messe vorgeführt. Manchmal haben Ehefrauen auch eine Filmrolle mit Privataufnahmen an Bord geschickt. Das war aber nicht immer lustig. Denn manchmal hat ein Vater seinen Jungen oder sein kleines Mädchen gesehen, wie es zum ersten Mal alleine die ersten Schritte macht oder zur Kamera gewandt das Wort »Papa« sprach. Da habe ich Kerle erlebt, die Rotz und Wasser geheult haben. Auch mir war nach solchen, an sich fröhlichen Szenen, immer ganz flau im Magen.

Eine weitere Ablenkung war die Bücherkiste, die unter Hansadampfern getauscht wurde, oder auch vom jeweiligen Agenten oder dem Seemannspastor an Bord gebracht wurde.

Noch heute schaue ich mir gerne alte Heinz Erhardt Filme an, wenn sie in den dritten Programmen gezeigt werden, und gelesen habe ich fast alles von ihm. Wann immer eine »neue« Bücherkiste an Bord kam, habe ich sofort nach einem seiner Bücher Ausschau gehalten.

Zwei vielleicht weniger bekannte Gedichte mit Bezug zum Meer und zu denen, die sich darin tummeln, möchte ich Ihnen zum Lesen empfehlen:

Der Fischer

(Frei nach Johann Sebastian von Goethe)

Und noch'n Gedicht:

Esst mehr Fisch

(Heinz Erhardt, 1909–1979)

Dolce far niente, das Nautikstudium

Als ich kam nach Elsfleth hin …

Als ich kam nach Elsfleth hin
und mit leichtem Burschensinn
mich vom Vater trennte.
Sprach er, Junge, hör' auf mich,
vor dem einen warn ich dich:
Dolce far niente!

(aus dem Liederbuch der N. K. »Visurgis« zu Elsfleth, e. V.,
nach der Melodie: Keinen Tropfen im Becher mehr …)

Mal sehen, wie das mit dem Dolce far niente, dem süßen Leben, werden würde.

Es standen drei Jahre Studium bevor. Wieder ein ganz anderes, neues Leben. Dieses Mal an Land. Viele Kapitäne und nautische Offiziere, die mir während meiner Fahrzeit vor dem Mast begegnet sind, haben ihr Studium in Elsfleth absolviert. Natürlich war auch oft die Hochschule für Nautik in Bremen ein Thema. Mich aber reizte das beschauliche Städtchen in der Wesermarsch. Es ging quasi noch gemütlich zu in Elsfleth und nicht so großstädtisch wie in Bremen. So jedenfalls die Beschreibungen, die ich aus der Fahrt bekommen hatte.

Nach der Anmeldung auf der Seefahrtschule Elsfleth, so hieß sie damals noch, bekam ich einige Informationsblätter zugeschickt und hatte Gelegenheit, von zuhause aus schon eine Unterkunft zu suchen. Der Plan war, dass Gudrun mit mir nach Elsfleth gehen sollte. Das bewahrte mich auch davor, eine Elsflether Kapitänstochter heiraten zu müssen. Das jedenfalls behaupteten die Spötter, die in Bremen oder Hamburg ihr Patent gemacht hatten. Ohne eine solche Eheschließung bekäme man in Elsfleth kein Patent.

Gudrun arbeitete ja in Frankfurt für das Hapag-Lloyd Reisebüro und bewarb sich um eine Stelle in Nordenham, was mit der Bahn von

Elsfleth gut zu erreichen war, und so bauten wir in Elsfleth unser erstes gemeinsames Nest bei Rudi.

Rudi war alleinstehend, schon Mitte achtzig, aber körperlich und geistig voll auf der Höhe. Da auch er lange als Zahlmeister zur See gefahren war, war auch ihm als Seemann nichts Menschliches fremd und er bestand nicht auf eine Eheschließung zwischen Gudrun und mir, um den Kuppelparagraphen zu umgehen. Wir waren erst 19 und 18 Jahre alt und wurden erst mit 21 volljährig. Rudi reichten unsere Verlobungsringe und ein gemütliches Gespräch bei Kaffee und Kuchen, um den Mietvertrag zu unterzeichnen.

Rudi war sehr schnell nicht nur unser Vermieter, sondern ein väterlicher Freund geworden. Er beherrschte fünf Sprachen in Wort und Schrift und wir beschlossen, zuhause mit ihm nur Englisch zu reden. Seine größte Sorge war das Vergessen, nicht das Sterben, obgleich Demenz und Alsheimer damals nicht zu den aktuellen Gesprächsthemen gehörten. So hielt er sich mit Sprachen fit. Er traf sich regelmäßig mit einer spanischen Familie, sah sich Filme und Theaterstücke auf Französich an, unterhielt Brieffreundschaften auf Schwedisch und Niederländisch. Sein Tag begann morgens um 10.30 h mit Kneippanwendungen und Gymnastik. Dann kleidete er sich an und verließ das Haus immer wie ein Gentleman, um in der Bahnhofsgaststätte sein Mittagessen einzunehmen. Den Bahnhof zog er allen anderen Lokalen vor, weil es dort einen täglich wechselnden Mittagstisch gab, der preislich nicht unterboten werden konnte. Die einzige Macke, die Rudi hatte, er wog immer sehr sorgfältig Preis und Leistung ab.

Rudi hatte eine Reinemachefrau, die putzte und für ihn einkaufte, und seine Schulfreundin, die ihn regelmäßig besuchte. Sie war mit einem Seemann verheiratet, den sie aber nach der Hochzeit nie mehr gesehen hatte und gleichwohl immer seinen Ring trug.

Gelegentlich lud Rudi uns zu einem gemeinsamen Fernsehabend ein. Wir besaßen noch keinen Fernsehapparat, unsere einzige Informationsquelle war ein kleines Kofferradio, dem wir Nachrichten zum Weltgeschehen entnahmen. Am liebsten sahen wir uns Krimis an, auch gerne im Doppelpack, was leider in den drei öffentlich-rechtlichen Programmen, mehr gab es nicht, nicht so oft geboten wurde. Rudis Freundin schlief bei den Krimis meist schon nach der ersten

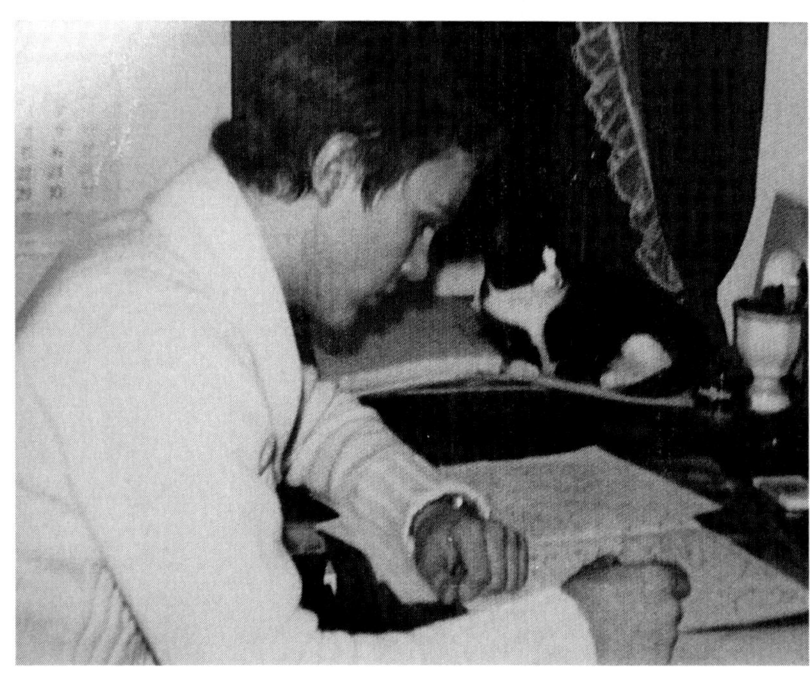

DER NIEDERSÄCHSISCHE MINISTER
FÜR WISSENSCHAFT UND KUNST

Graduierungsurkunde

Herr Günther, Georg Alfred Stephan

geboren am 10. Juli 1953 in Bergen-Enkheim

hat am 8. Juli 1975 an der

Fachhochschule Oldenburg

Fachbereich Seefahrt in Elsfleth

die staatliche Prüfung zum

Kapitän auf großer Fahrt

abgelegt.

Er ist berechtigt, gemäß Erlaß des Niedersächsischen Kultusministers vom 7. 9. 1972 (Nds. MBl. S. 1235), geändert durch Erlaß des Niedersächsischen Ministers für Wissenschaft und Kunst vom 14. 8. 1974 (Nds. MBl. S. 1562), die Bezeichnung

„Wirtschaftsingenieur (grad.) für Seeverkehr"

zu führen.

Hannover, den 9. Juli 1975

(Landessiegel) Im Auftrage:

(Unterschrift)

FACHHOCHSCHULE OLDENBURG
Fachbereich Seefahrt

Diplomurkunde

Herr GEORG ALFRED STEPHAN GÜNTHER

geb. am 10. 07. 1953 in BERGEN-ENKHEIM

ist berechtigt, den Hochschulgrad

Diplom-Wirtschaftsingenieur für Seeverkehr
(abgek.: Dipl.-Wirtschaftsing. für Seeverk.)

zu führen, nachdem er die Abschlußprüfung im Studiengang Seefahrt (Große Fahrt) bestanden hat.

Elsfleth, den 09. FEBRUAR 1983

Dekan Vorsitzender des Prüfungsausschusses

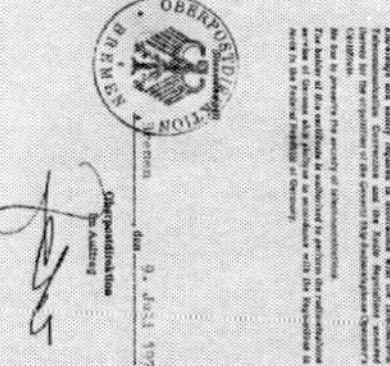

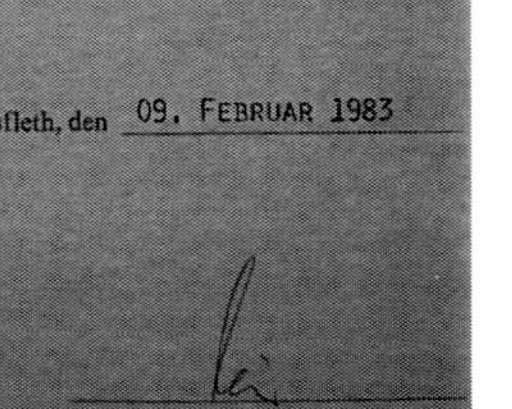

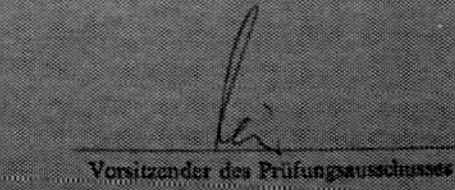

Viertelstunde um 20.30 h ein und fragte uns dann gegen 00.00 h, als bereits das Testbild flimmerte, wer denn nun der Mörder gewesen sei.

Wenn sie ein paar Likörchen intus hatte, und Rudi sich nicht im Zimmer befand, plauderte sie auch gerne mal über ihre Intimbeziehung zu Rudi. Dabei kicherte sie oft wie ein kleines Mädchen. Erst neulich habe Rudi sie spät abends angerufen, dass er sie dringend sehen müsse. Sie solle den direkten Weg über den Friedhof nehmen, die Sache sei von größter Eile. Hierüber entwickelte sich zunächst ein Disput, da sie in der Dunkelheit nicht den Friedhof überqueren wollte, sondern den von Straßenlaternen ausgeleuchteten Weg bevorzugte. Letztlich entsprach sie Rudis Bitte, unter der Bedingung, dass Rudi sie auf halbem Wege treffen solle. Dann, so erzählte sie, überkam Rudi auf dem Friedhof ein »dringendes Bedürfnis«. Sie machte eine Pause und wartete unsere Reaktion ab. Ich fragte, ob Rudi auf dem Friedhof seine Notdurft verrichtet habe, was sie entrüstet verneinte. Wir wollten es nicht glauben, was da geschehen war, aber sie nickte bestätigend und zwinkerte mit einem Auge.

Besonders ins Herz geschlossen hatte Rudi unsere Katze Sandy. Mit ihr sprach er nur Französisch, und redete sie mit »Madame Pussy« an.

Ab und an sorgte unsere Sandy aber für Aufregung. So rief unser Hauswirt an einem verregneten Sonntagmorgen sehr aufgeregt nach uns. Wir sollten uns etwas ansehen. Der Aufregung wegen befürchtete ich schon das Schlimmste. Wie schon erwähnt, machte Rudi morgens bei offenem Fenster seine Kneippanwendungen und gymnastischen Übungen. Zu diesem Training gehörte wohl auch, dass er sein Bett machte. Eine dicke Daunendecke, auf der stets eine weiße Spitzentagesdecke lag. Rudi bat uns, sein Schlafzimmer zu betreten, mit den Worten: »Ist das nicht ein herrliches Bild?« Was wir da sahen, war unsere Sandy. Auf dem höchsten Punkt der Daunen in die Spitzendecke eingerollt, in süße Träume versunken. Sie hatte auf dem Weg vom Garten durch das Fenster, von der Fensterbank auf das Bett, eine ordentliche Schlammspur hinterlassen, was Rudi aber gar nicht störte. Er meinte nur, dass man das ja waschen könne. Im Übrigen werde er Fenster und Schlafzimmertür offenlassen, damit Madam Pussy, nachdem sie ausgiebig geruht habe, ihren Schlafplatz wieder verlassen könne, während er sein Mittagessen in der Bahnhofgaststätte einnähme.

Ein anderes Mal wurde ich abends gerufen. Ich befand mich noch auf der Treppe, als ich Rudi klagen hörte: »Oh Gott, oh Gott, hoffentlich haben wir kein Ungeziefer im Haus!« Bei Ungeziefer dachte ich an Läuse, Kakerlaken oder Wanzen. Rudis Befürchtung war aber, dass Ratten im Hause seien. Er führte mich in seine Küche. Auf dem Boden lag eine zersplitterte Butterdose aus sicherlich wertvollem Bleikristall, die er in Vorbereitung seines Abendbrotes auf dem Tisch abgestellt hatte. Ich kniete mich nieder, begutachtete den Rest von einem halben Pfund Butter und erkannte die Zahnspuren einer Katze. Dann ging mein Blick zu Sandy, die im Flur saß und sich gerade ausgiebig putzte. Rudi war so glücklich darüber, dass wir keine Ratten im Hause hatten, dass er seiner Madam Pussy diese Missetat sofort vergab.

Da unsere Sandy von mehreren Katern umworben wurde und wir keine Katzenfamilie gründen wollten, haben wir, auch in Absprache mit Rudi, beschlossen, unser Katzenmädchen sterilisieren zu lassen. Leider war dies nicht so einfach und gefahrlos möglich wie das heute der Fall ist. Mit unserem Kätzchen bin ich nach Oldenburg in eine Tierarztpraxis gefahren. Eigentlich hätte ich nach der Begrüßung des Tierarztes wieder gehen sollen. Der Mann war sichtlich angetrunken, steckte unsere Katze in ein aquariumartiges Gehäuse und betäubte sie mit Äther. Es war fürchterlich. Zuhause angekommen, wankte Sandy durchs Wohnzimmer, als Gudrun gerade von ihrer Arbeit zurückkehrte. Sandy würgte, erbrach sich und dabei quoll plötzlich Fettgewebe aus der Bauchnaht hervor. Gudrun rannte in unser Schlafzimmer, warf sich aufs Bett und weinte herzzerreißend. Was tun? Ich wickelte Sandy in ein Tuch und ging zu Fuß zum örtlichen Tierarzt, der hier für die Gesundheit von Pferden, Kühen, Schweinen und Schafen zuständig war. Er betrachtete sich die Wunde und eröffnete mir, dass Sandy eine weitere Betäubung nicht überleben würde und er das Fettgewebe ohne Betäubung entfernen müsse. Schon jetzt bekam ich weiche Knie. Ich hatte Sandys Vorder- und Hinterläufe festzuhalten, als der Doktor begann zu schneiden und neu zu vernähen. Nun könnte man glauben, dass unsere Katze einen wehrhaften Kampf beginnen würde, aber nein. Sie sah mich an, wimmerte, und hielt still. Der Arzt achtete immer abwechselnd auf sein Tun und auf mich, bzw. meine Gesichtsfarbe und Haltung. Als er bei mir einen sich anbahnenden Schwächeanfall diagnostizierte, schrie er laut nach seiner Frau: »B O M M E R L U N D E R.« Dies hatte zur Folge, dass mir seine Frau in den offenen Mund zwei, drei Schnäpse einfüllte, wodurch meine Lebensgeister unmittelbar zurückkehrten. Sandy wurde mit einem desinfizierenden Puder bestäubt und wir konnten, nachdem ich mich herzlich beim Doc und seiner Frau bedankt hatte, gehen.

Zuhause ist Sandy in einen langen, tiefen Schlaf gefallen, hat aber unter unserer ständigen Beobachtung gestanden und ruhig und gleichmäßig geatmet. Ich vermutete, dass Sandy mich nach allem, was geschehen war nie mehr ansehen und sich nach einem neuen Zuhause umsehen würde. Das Gegenteil war der Fall. Eines Nachmittags im Sommer hatte ich mich zuhause im Garten auf die Wiese gelegt und bin eingeschlafen. Ein lautes Schnurren, direkt neben meinem Ohr, weckte mich auf. Zuerst sah ich unser Kätzchen. Dann habe ich schnell wieder die Augen geschlossen, denn zwei fette Ratten schauten mich an. Es dauerte einen Moment bis ich registrierte, dass mir unser Stubentiger ihre Beute abgetreten hatte. Sandy wurde zu unserer treuen Begleiterin, auch über die Studienzeit in Elsfleth hinaus.

Ein Abenteuer anderer Art musste ich bestehen, als unser altersschwacher Opel Kadett B CarAVan mal wieder seinen Dienst versagte und Rudi sich anbot, mich nach Brake zum Judotraining zu fahren. Man muss wissen, dass die Oberrege eine Bundesstraße ist, an der reger Verkehr herrscht. Bevor man von Rudis Grundstück auf die Straße gelangt, muss man einen Fuß- und Radweg überqueren. Dies gestaltete sich folgendermaßen: Rudolf verließ die Garage in Rückwärtsfahrt, stoppte, hupte, fuhr weiter, stoppte, hupte, fuhr weiter, schaltete in den Vorwärtsgang, und los ging es Richtung Brake. Das war immer gut gegangen, es kam nie zu einem Unfall, kein Personen- oder Sachschaden war je zu beklagen. Meine Gesichtsfarbe hatte wohl bei diesem Vorgang mehrfach von Rot auf Weiß gewechselt und ich muss wohl auch schwer geatmet haben, was Rudi zu der an mich gerichteten Aussage veranlasste: »Da passiert doch nichts, ich habe doch zweimal Signal gegeben.« War ich froh, als ich unseren Kadett mit Hilfe eines Kumpels wieder zum Laufen bekommen hatte und Rudolfs Taxidienste nicht mehr in Anspruch nehmen musste.

Die drei Jahre an Land wollte ich auch nutzen, um ausgiebig Sport zu treiben. Hinrich kannte ich aus der Fahrt, er fuhr damals als OA auf der Kybfels, war im letzten Semester und leitete die Judoabteilung des BTV Brake. Somit war klar, welchen Sport ich fortan betreiben würde. Mit Charly, Gurke und dem Dicken gingen wir zum »Schnuppertraining«. Nach einer guten Viertelstunde »leichtem Konditionstraining« stand ich im Hof vor der Turnhalle und habe gekotzt. Meinen Kumpels ging es auch nicht viel besser und wir haben von diesem Tage an das Rauchen eingestellt und dies auch während des gesamten Studiums durchgehalten. Erst nach dem Studium, auf Seewache, habe ich mir ab und an eine Pfeife angezündet. Diesen Rauchgenuss habe ich auch bis heute beibehalten.

Die nautische Kameradschaft Visurgis brachte Gurke, Charly, den Dicken und mich zusammen. Wir hatten uns schnell gefunden und betrieben unsere Studien wie auch die Freizeitgestaltung immer gemeinsam. Gurke und Charly kamen von der Hamburg Süd Reederei, »der Dicke«, so wie ich von Hansas. Der Dicke hatte seine Ausbildung auf einem W-Klasse Dampfer gemacht. Schiffe, bei denen sich die Brücke und die Logis des nautischen Personals auf der Back befanden. Dies hatte den Vorteil, ein langes, freies Deck zu haben, um sperrige Schwergutkolli laden zu können.

Der Dicke war ein paar Jahre älter als wir. Noch vor der Flucht aus der DDR hatte er eine Schauspielschule besucht, diese Kenntnisse und sein diesbezügliches Talent stellte er in unserer gemeinsamen Studienzeit oft unter Beweis. So zum Beispiel bei der Rückgabe von Klausuren und der anschließenden Besprechung. Den Professoren tropfte das Blut aus den Ohren, wenn der Dicke mit seiner Kritik an der seiner Meinung nach falschen Benotung fertig war.

Den Vogel schoss er allerdings ab, als wir nach einem Besuch in der »Alten Mühle« in eine Verkehrskontrolle gerieten. Man muss wissen, dass der Dicke keine zwei Meter zu Fuß ging, was letztlich auch seine Leibesfülle erklärte. Sein Auto, ein VW Käfer, war auf Namen seines Vaters zugelassen, der als promovierter Arzt arbeitete. Nachdem wir alle vier ausgestiegen waren, fragte der Dicke den Wachtmeister, womit er ihm denn dienen könne. Da er nicht nur sehr breit, sondern auch sehr groß war, legte sich ein breiter Schatten über den Wachtmeister, der sofort eine devote Haltung einnahm. Als der Dicke dann dem Wachtmeister seinen Fahrzeugschein gezeigt hatte, wurde er nur noch mit Herr Doktor angesprochen und er ließ diesen Irrtum auch unaufgeklärt. Der Wachtmeister entschuldigte sich quasi für die durch ihn verursachte Fahrtunterbrechung und wünschte eine gute Weiterfahrt.

Da es dem Dicken weder an Ruhe, noch an finanzieller Unterstützung fehlte, machte er auch erst ein Jahr später sein Examen als Charly, Gurke und ich.

Charly war ähnlich gestrickt wie ich. Wir mussten oft bis spät in die Nacht unseren Studien nachgehen, während Gurke alles immer sofort draufhatte, was während der Vorlesung/im Unterricht an Wissen vermittelt wurde. Oft konnten wir erleben, dass Gurke uns zum Billardspielen aufforderte, was wir zunächst ablehnten, weil noch mathematische oder Probleme der astronomischen Navigation zu klären waren. Es dauerte dann immer nur eine knappe Viertelstunde, bis Gurke bei uns die bestehenden Wissenslücken geschlossen hatte. Er konnte nicht nur hervorragend Wissen aufsaugen, sondern war auch in der Lage, sein Wissen schnell und verständlich zu vermitteln. Er wusste immer sofort, wo es bei uns hakte. Letztlich gewannen wir dann immer Zeit für die Freizeitgestaltung.

Gurke kam aus dem Allgäu, war mit Pferden und Rindern aufgewachsen. Das Reiten gehörte zu einer seiner Leidenschaften. So überredete er uns auch eines schönen Tages zum Besuch eines Reitstalls mit Pferdevermietung. Schon immer hatte ich großen Respekt vor diesen Tieren und hatte mich noch nie gewagt, den Rücken eines Pferdes zu erklimmen. Gurke versprach, uns die nötige Anleitung und Unterstützung zu gewähren. Der Dicke wollte eine Kutschfahrt vorziehen, was Gurke aber ablehnte, so mussten Chaly und ich dieses Abenteuer alleine bestehen. Charly war mutiger als ich, zumindest stellte er im Gegensatz zu mir keine besonderen Ansprüche bei der Auswahl des Pferdes. Anders ich. Ein besonders sanftmütiges Tier sollte es sein. Der Pferdewirt führte mich an eine Box mit einem solchen Exemplar. Als ich dem Wallach die Hand vor die Nüstern hielt, schnupperte er kurz, schnaubte, drehte sich in der Box um und streckte mir seinen breiten Arsch entgegen. Diese Reaktion hielt ich für eindeutig, doch der Pferdewirt meinte, dass das nichts zu bedeuten habe. Als die Tiere gesattelt waren, bewegte sich Gurke schon auf dem Pferd wie ein Cowboy mit dreißigjähriger Berufserfahrung, während ich stocksteif, die Zügel fest umklammernd, zu keiner Bewegung fähig war. Charly und Gurke bewegten sich langsam Richtung Feldweg, als Gurke neben meinem Pferd Position bezog, in das Zaumzeug meines Wallachs griff und uns gemächlich vom Hof führte. Als wir den Hof verlassen hatten, setzten sich Charly und Gurke mit ihren Pferden zügig in Bewegung und mein Pferd machte – nichts. Gurke kam zurück. Er hatte von einer Trauerweide eine circa 80 cm lange Gerte abgerissen, gab sie mir und sagte, ich solle damit leicht gegen den Hals meines Wallachs klopfen. Nur einmal habe ich geklopft, da schaltete die Scheißmähre den Turbo ein und raste mit mir los. Beide Hände in die Mähne gekrallt, Gurke verfluchend, galoppierten wir den Feldweg entlang, bis Gurke mich wieder eingeholt und mein Rennpferd gestoppt hatte. Das hatte mir gereicht. Zurück in den Stall und nie wieder das Glück dieser Erde auf dem Rücken der Pferde gesucht.

Eine andere Darbietung seiner Tierverbundenheit zeigte uns Gurke anlässlich einer Grillfeier, zu der unser ganzes Semester von einem unserer Professoren eingeladen war. Wir saßen zu vorgerückter Stunde am Lagerfeuer. In direkter Nachbarschaft zum Grundstück unseres Profs war eine Weide, auf der Jungbullen grasten. Charly fragte wie beiläufig, ob Gurke wohl in der Lage sei, einen Jungbullen einzufangen und zu Fall zu bringen. Das ließ sich Gurke nicht zweimal fragen. »Logisch«, war seine Antwort. Er kletterte zwischen den Stacheldrähten durch den Zaun und bewegte sich langsam auf die Herde zu. Von dort wurde er voller Mistrauen beäugt und es entstand eine aufgeregte Unruhe in der Herde. Eine ähnliche Unruhe entstand auch auf der anderen Seite des Zaunes, an dem wir alle Aufstellung genommen hatten. Einige meinten, Gurkes Tun sei zu gefährlich, Charly und ich wussten aber, dass Gurke die Situation voll beherrschte. Dann plötzlich ging Gurke zum Angriff über, packte ein Tier am Hals, rutschte an dessen Körper entlang, kam ins Straucheln, und erwischte im Fallen den Schwanz des Jungbullen, der ihn nun quer über die Weide zog, während seine Artgenossen in alle Richtungen auseinanderstoben. Nach einer Querung der Weide verließen Gurke die Kräfte und er ließ den Schwanz los, richtete sich auf und trabte uns langsam und sichtlich erschöpft entgegen. Gurke wurde trotz seiner misslichen Lage wie ein Held gefeiert.

Am nächsten Morgen holten Charly und ich Gurke auf dem Weg zur Seefahrtschule ab. Als wir seine Kammer betraten, schlug uns intensiver Stallgeruch entgegen. Es konnte sehr schnell ausgeschlossen werden, dass es sich bei den grünbraunen Flecken auf seiner ordentlich über einen Stuhl gehängten Kleidung um Spinat handelte. Als wir Gurke wachgerüttelt hatten begrüßte er uns mit den Worten: »Moin, Jungs. Mir hat träumt, i hab mit an Bulln kämpft!« Dieser Traum hatte wohl seine Ursache im reichlichen Alkoholgenuss nach seiner Rodeoeinlage.

Wir näherten uns immer schneller dem sechsten, dem Abschlusssemester. Die drei Jahre waren wie im Wind verflogen. Viele Klausuren und die erforderlichen Semesterscheine waren gemeistert, das Examen rückte näher. Nur der Dicke ließ uns weiterhin über seine Zukunftspläne im Unklaren. Kurz vor Prüfungsbeginn war er verschwunden.

Die erste Prüfung wurde von einem Oberpostdirektor der Oberpostdirektion in Bremen abgenommen. Das Funksprechzeugnis für Grenz- und Ultrakurzwelle. Wir saßen im »Turm« der Seefahrtschule, als ein als außerordentlich korpulent zu bezeichnender Beamter mit seinem spindeldürren Assistenten den Raum betrat. Der Versuch des Beamten, sich auf dem für ihn bereitgestellten Stuhl zu setzen, scheiterte kläglich. Der mit Armlehnen ausgestattete Stuhl bot nicht genug Raum für das Gesäß, sodass sein Assi sofort in geschäftiges Treiben verfiel und das Sortieren von Schreibgerät, Formblättern, Gesetzestexten etc. unterbrach und sehr ungehalten um eine Ersatzsitzgelegenheit für seinen Vorgesetzten bat. Der Prüfungsbeginn wurde um 15 Minuten verschoben, weil aus dem Besucherzimmer des Dekans ein Sessel herbeigeschafft werden musste. Nun begab es sich, dass sich ein Bleistift des Oberpostdirektors, von diesem unbemerkt, rollend zur Tischkannte und dann darüber hinaus bewegte. Noch ehe der Bleistift den Boden berührte, sprang sein Assi unter den Tisch, fing den Stift auf und überreichte ihn in devoter Haltung seinem Chef. Ob es Zufall war oder die Nummer von den beiden Herren einstudiert war um die Prüfung aufzulockern, sei dahingestellt.

Unmittelbar nach der Prüfung wurden die Funksprechzeugnisse vom Assi mit Stempeln versehen, mit Löschpapierroller getrocknet und vom Oberpostdirektor unterzeichnet. Als ich aufgerufen wurde, bat mich der Prüfungsbeamte zu sich. Oh Gott, was sollte das bedeuten? Im Flüsterton bot er mir an, doch ein neues Passbild anfertigen zu lassen. Er wolle sich persönlich dazu verwenden, dass ich dann umgehend ein neues Dokument ausgefertigt bekäme. Auf dem Foto hatte ich schulterlange Haare, das sei eines künftigen Kapitäns nicht würdig. »Überlegen Sie sich meinen Vorschlag in Ruhe«, sagte er. Ich bedankte mich höflich, habe aber von diesem Angebot nie Gebrauch gemacht. Da ich schon seit Jahrzehnten mein Haar »offen« trage, um mit den Worten von Heinz Erhardt zu sprechen, ist dies doch der beurkundete Beweis, dass ich auch einmal volles Haupthaar besessen habe.

Die Woche der Examensprüfungen war für Charly und mich die Hölle. Während bei Gurke alles stressfrei seinen normalen Gang ging, konnten Charly und ich, von Durchfall geplagt, aus fünf Metern Entfernung in eine Colaflasche kacken. Dies völlig unabhängig davon, ob wir feste oder flüssige Nahrung zu uns nahmen.

Die größte Aufregung bedeutete für mich die Examensprüfung in terrestrischer- und astronomischer Navigation. Unser Prof, der diese Fächer lehrte, war ein drahtiger, durchtrainierter Kapitän. Bei wirklich jedem Wetter rannte er morgens um sechs Uhr auf dem Deich entlang. Das Wort »Jogging« war noch nicht in den allgemeinen Sprachgebrauch übergegangen. Er rauchte nicht, trank nur mäßig Alkohol, hatte aber einen herrlichen, manchmal sehr schwarzen Humor. So forderte er uns einmal bei einem Test in Vorbereitung zu unserer Prüfung auf, uns von unseren Plätzen zu erheben und begründete dies mit den Worten: »Meine Herren, ein Kommilitone aus Ihrer Mitte befindet sich laut seinen Berechnugen mit seinem Schiff im Kölner Dom!«

Genau daran erinnerte ich mich, eine von vier Stunden der Prüfungszeit in Navigation war bereits vergangen, als dieser Prof während meiner Examensarbeit kurz an meinem Arbeitsplatz stehen blieb, mit dem Zeigefinger auf ein Teilergebnis zeigte und ohne weiteres Minenspiel oder gar eine Bemerkung zu machen, zum nächsten Tisch weiterging. Was jetzt? Alles auf Null zurück? Würde ich die verlorene Stunde wieder aufholen können? Ich konnte, und habe dieses Examensfach ohne einen einzigen Fehler bestanden. Noch heute bin ich für diesen im wahrsten Sinne des Wortes »Fingerzeig« dankbar.

Auch die Prüfungen gingen vorbei. Von einer großen Last befreit, freuten wir uns auf die Patentverleihung. Am Vormittag machten wir mit einem Pferdewagengespann einen »Zug durch die Gemeinde«. Den Spalier stehenden Erwachsenen wurde Bier und Köm ausgeschenkt, die Kinder bekamen Bonschen, wir sangen und grölten, dass es nur so eine Freude war.

Zur Patentverleihung in der Aula der Seefahrtschule waren dann auch Vater und Gudrun dabei. Es war ein feierlicher Akt. Da stand es nun Schwarz auf Weiß: Kapitän auf großer Fahrt. Allerdings erhielt ich nur die Graduierungsurkunde überreicht. Mein Patent, der eigentliche »Führerschein«, wurde mir erst zu meinem 22. Geburtstag per Einschreiben zugestellt. Für den Erhalt sogenannter Großpatente musste man das 22. Lebensjahr vollendet haben. Aber das störte nicht im Geringsten, waren doch zunächst der Umzug, Urlaub zuhause und die Hochzeit geplant.

Die hohe Zeit …

… auch Hochzeit genannt, stand nun an. Wir wollten uns im kleinen Kreis das Jawort geben, Vater plante eine große Hochzeit. Das führte zunächst zu Spannungen zwischen Vater und mir. Der Kompromiss, auf den wir uns dann alle einigten, war, dass ich zur Hochzeit meine Uniform anziehe und Vater für uns eine Hochzeitskutsche chartern durfte. Das war ein großes Hallo, als wir mit der Kutsche eine Runde durchs Dorf, zum Standesamt und dann zur Kirche fuhren. Zuvor gab es aber noch Tränen bei Gudrun. Sie hatte sich beim Frisör Locken in ihr Haar, das bis zu ihrem Po reichte, machen lassen. Als sie sich dann ihr Hochzeitskleid anziehen wollte, waren die Locken wieder weg. Noch heute frage ich mich, ob und wenn ja wo dieser Frisör sein Handwerk erlernt hat. Um die Situation zu retten, bin ich in die Stadt zum Kaufhof gefahren und habe ihr eine Kurzhaarperücke gekauft. Davon war Gudrun begeistert und die Tränen waren getrocknet.

Der Pastor, der uns in der Kirche traute, in der wir auch getauft

und konfirmiert wurden, kam aus Bremen. Er hatte seine Pfarrstelle erst vor wenigen Wochen angetreten, seine Frau und die Kinder waren noch in Bremen, weil sich die Renovierung des Pfarrhauses in die Länge gezogen hatte. Somit war klar, dass er auch die gesamte Feier mit uns verbrachte. Der Kirchenchor brachte uns ein Ständchen, es wurde gegessen, getrunken und viel gelacht.

Am nächsten Morgen habe ich nach dem Frühstück den Pastor aufgesucht, weil die Heiratsurkunde der kirchlichen Trauung von ihm noch nicht unterschrieben war. Er nahm unser Familienstammbuch in die Hand und bat mit belegter Stimme darum, die Unterschrift erst am Nachmittag zu leisten und mir dann das Stammbuch zurückzubringen. Offensichtlich hatte er noch einiges an Restalkohol intus, der ihn zu diesem Aufschub veranlasste.

Seemann, deine Heimat ist das Meer

Auch dieser Urlaub ging vorüber und meine erste Reise als 3. Offizier sollte beginnen. MS Schönfels war ein Schwesterschiff der Kybfels, aus der Baureihe der Crostafelsklasse. Der »Alte« war aus Elsfleth und Visurge wie ich. Daraus ergaben sich aber keinerlei Vorteile für mich. Er ging zunächst einige Seewachen mit mir und beobachtete sehr genau mein Tun. Dies konnte ich ihm einerseits nicht verdenken, andererseits ging es mir fürchterlich auf den Sack, so offenkundig kontrolliert zu werden. Zum Bootsmann hatte ich schnell Kontakt gefunden und ihm mein Leid geklagt. Nachdem wir den englischen Kanal und die Enge von Gibraltar passiert hatten, war ich der Meinung, dass der Herr Kontroletti nun seine Beobachtung mal langsam einstellen müsse. Der Bootsmann teilte diese Meinung und begab sich um 19.00 h mit einer Buddel des Lieblingsgetränks des Alten in dessen Kammer, die er erst nach kompletter Leerung der Buddel um 00.30 h verließ. War das herrlich! Eine ganze Seewache ohne den Alten! Der Bootsmann hatte den Alten nicht nur abgefüllt, sondern ihm wohl auch noch eine Lehrstunde über Personalführung, Vertrauen in seinen 3. Steuermann und dessen seemännische Fähigkeiten erteilt. Jedenfalls erschien der Alte auf meinen Seewachen künftig nur noch um kurz zu fragen, ob alles okay sei und um mir eine gute Wache zu wünschen. Es wurde ein sehr angenehmes Fahren mit diesem Kapitän, den ich in den Folgemonaten schätzen und mögen lernte.

Zu den Aufgaben des 3. Offiziers gehörte neben der Seewache von 08.00 h–12.00 h und von 20.00 h–24.00 h, der Deckswache im Hafen von 06.00 h–18.00 h, auch das Pflegen der nautischen Instrumente, die Aktualisierung des Kartenmaterials, der Leuchtfeuerverzeichnisse, der Seehandbücher, Wettermeldungen, Pflege und Kontrolle der Rettungsmittel sowie die Gesundheitsfürsorge an Bord. Auf deutschen Seeschiffen ist ein Arzt an Bord erst bei mehr als 12 Passagieren oder bei Mannschaftsstärken über 70 Personen vorgeschrieben. Für diese Tätigkeit wurde ich während des Studiums ausgebildet und mir stand an Bord eine komplett ausgestattete Apotheke und ein Behandlungsraum zur Verfügung.

Auf der Schönfels fuhren neben der deutschen Besatzung auch pakistanische Besatzungsmitglieder. Diese waren an Deck unter der Leitung von Boots- und Zimmermann und in der Maschine unter der Leitung der Ingenieure und Maschinenassistenten tätig. Von meinem Vorgänger wurde ich schon davor gewarnt, bei der Medikamentenausgabe außerordentlich misstrauisch zu sein. Unsere pakistanischen Mitarbeiter stellten ihre Diagnosen gerne selbst und wussten auch genau, in welchem Fach die Medikamente lagen, die ihr Leiden beenden sollten. Tatsächlich wurden diese Medikamente nicht eingenommen, sondern sorgsam verpackt und zuhause in ihren Dörfern als »Wunderheilmittel« teuer verkauft.

So gewarnt, eröffnete ich meine erste »Sprechstunde« an Bord der Schönfels. Vor der Tür meiner Krankenstation empfingen mich bereits sechs Pakistanis, die sich lächelnd auf den neuen, unerfahrenen Dritten freuten. Alle klagten über Magenschmerzen und drängten zum noch verschlossenen Apothekenschrank. Sofort drängte ich sie wieder hinaus und erklärte ihnen, dass sie einzeln einzutreten hätten. Wohlweißlich ließ ich die Tür des Behandlungsraumes offen, damit die Wartenden das Geschehen im Raum mitverfolgen konnten.

Nachdem mir der erste Patient sein Magenleiden geklagt hatte, öffnete ich den Apothekenschrank, nahm einen bereitliegenden Suppenlöffel zur Hand und griff nach einer bauchigen Literflasche, die mit einem Korken verschlossen und mit »Rizinusöl« beschriftet war. »No Sab, no castor oil please, no castor oil!«, schrie mein Patient und verließ lauthals den Behandlungsraum. Bei den fünf weiteren Patienten hatte sich eine wundersame Heilung eingestellt, denn auch sie verließen ohne weitere Beschwerden die Krankenstation.

Einer, der nicht aufgab, war ein GP3 (Pidgin English gesprochen: ji pi tri). Ein junger Mann im Dienstgrad eines Decksjungen. Die Pakistani sprachen alle »pidgin English« und verstanden auch nur, wenn man genauso sprach. Er kam auch in meine Sprechstunde, jedoch fragte er nach einem Medikament, von dem ich bis dato nichts gehört hatte. »Me need no pills. For my stomach ache, only Tiuschki will help!« Was verdammt sollte »Tiuschki« sein? Nun startete er seine Pantomimenshow. Er deutete etwas wie ein Glas oder eine Tasse an. Dort hinein goss er erst etwas aus einem Kessel, was wohl auch dampfen sollte, dann kam noch etwas aus einer Flasche hinzu. Seine Gesten und wortreichen Erklärungen ließen mich das Rätsel lösen. Er wollte einen Tee mit Whisky trinken. Da aber an Bord kein Alkohol an Muslime verkauft werden durfte, sollte ich ihm, quasi als Medizin getarnt, den Whisky besorgen. Ich fragte ihn daraufhin, was Allah wohl zu dieser Medizin sagen würde? Er winkte ab und sagte: »Me go cabin, close curtain, then Allah no see!«

Ein weiteres Problem mit dem Sprachverständnis hatte ich bei meiner ersten Deckswache. Einem pakistanischen Decksmann gab ich die Order: »Would you please be so kind and open hatch number three.« Der Mann sah mich an als sei ich direkt vom Mond an Deck gefallen und rührte sich nicht. Nachdem ich meine Bitte wiederholt hatte, fragte er mich zögerlich: »Sab, you no espeak english?« Der Bootsmann, der das wohl alles amüsiert beobachtet hatte, sprang herbei und rief: »Hatch tri open!«, was sofort mit mehrfachem »Yes Sir, yes Sir« in die Tat umgesetzt wurde.

Während meiner Schulzeit hatte ich das Glück von einer Englischlehrerin unterrichtet zu werden, die auch zwei Jahre in Oxford studiert hatte. So war mein Englisch immer akzentfrei und man hat mich im Ausland nicht sofort als Deutschen erkannt. Die Einordnung erfolgte meist großräumig nach Schweden, Norwegen, Dänemark oder den Niederlanden. Auch unser britischer Funker bestätigte mir mehrfach, dass ich ein »God damn, fucking good English« sprechen würde. Meine Begrüßung bei ihm in der Funkbude lautete immer: »Working hard, or hadly working?« Er war sehr bemüht, etwas Deutsch zu lernen, kam oft auf See zu mir auf die Brücke, um sich deutsche Vokabeln abhören zu lassen. Er konzentrierte sich hauptsächlich auf Vokabeln, die es ihm ermöglichen sollten, bei Aufenthalten in Bremen oder Hamburg in Cafés, Discos, etc. Frauen ansprechen zu können. Auch wollte er von mir einen charmanten »Anmacherspruch« zu hören bekommen. Ich erklärte ihm, dass es hierfür eigentlich keinen »Standardspruch« gäbe. Er solle sich lieber auf seinen eigenen Charme verlassen, höflich und freundlich sein. Doch er drängte weiter, er wollte unbedingt einen »coolen« Spruch von mir haben. Fortan lernte er den Satz: »Am Arsche hängt der Hammer und macht bim bim« akribisch und mit Betonung auswendig! Nach mehreren Tagen konnte er den Satz perfekt, ohne seine englische Herkunft zu verraten, rezitieren. So ganz vertraute er mir aber dann doch nicht und holte eine zweite Meinung bei unserem Alten ein. Nachdem dieser in schallendes Gelächter ausgebrochen war, kam der Funker in meine Kammer gestürmt, beschimpfte mich mit Vokabeln, die ich hier nicht erwähnen möchte, und kündigte mir mit sofortiger Wirkung seine Freundschaft. Da nun auch ich, trotz der bösen Worte herzlich lachen musste, fiel er irgendwann in mein Gelächter ein und umarmte mich schließlich. Ich habe ihm glaubhaft versichert, dass ich ihn natürlich vor dem ersten Landgang in Deutschland über den wahren Inhalt dieses Satzes aufgeklärt hätte, womit das Freundschaftsband sofort wieder geknüpft war. Nach weiteren »Anmachtipps« hat er sich bei mir aber nie mehr erkundigt.

Immer wieder wurden meine Kenntnisse in der medizinischen Grundversorgung an Bord, auf See und im Hafen gefordert. Für den Moment immer aufregend, in der Rückschau betrachtet aber meist amüsant, weil eigentlich nie jemand wirklich zu Schaden gekommen ist.

Wir hatten auf meiner Wache Perim passiert und Rot See verlassen, als um 02.00 h Bordzeit der Bootsmann schweißüberströmt und zitternd vor meiner Koje stand. Sofort bin ich in meine Klamotten gesprungen, habe den Bootsmann beruhigt und in seine Koje gebracht, den Alten telefonisch geweckt und bin in den »Keller« zu meiner Apotheke gerannt. Mir ging von Herzinfarkt bis Asthmaanfall alles durch den Kopf. Scheiße! Erste Reise als 3. O. und gleich sowas. Da der Bootsmann einen ganz flachen, kaum fühlbaren Puls hatte, habe ich mich für Adrenalin entschieden. Also, Spritze aufgezogen und schnell wieder nach oben. Das Bild, dass ich sah, als ich in die Bootsmannskammer kam, werde ich nie vergessen. Der Alte hatte sich einen Stuhl an die Koje vom Bootsmann gerückt und hielt, mit Bademantel bekleidet, und mit einer einer ca. 20 cm langen, schwarzen, brennenden Zigarre ausgestattet, des Bootsmanns linke Hand umschlossen. In seiner freien Hand hielt er ein Arztbuch, mittels dessen er gerade seine Diagnose und damit die alles entscheidende Frage: »Bootsmann, hast du kalte Füße?«, stellte. – Sofort habe ich einen Schritt rückwärts raus aus der Kammer gemacht, mein Lachen unterdrückt, und dann im zweiten Anlauf mit ernster Miene wieder hinein.

Meine Aufregung war sofort verflogen. Der Zuspruch des Alten und die von mir verabreichte Adrenalinspritze zeigten beim Bootsmann schon ihre Wirkung, noch bevor die Nadel seine Haut berührte und das Adrenalin von seinem Körper aufgenommen wurde. Wir sind dann Aden als Nothafen angelaufen. Der an Bord gekommene Arzt hat unseren Bootsmann untersucht, ein EKG gefertigt und die bedenkenlose Weiterfahrt bestätigt.

Erstes Schwergutlöschen im Persischen Golf. Der Alte stand rauchend in der Steuerbordnock und beobachtete das Treiben an Deck, als der Bootsmann und ich den Schwergutbaum klar machten. Der Bootsmann hatte den Baum mittels der Fernsteuerung durchgeschwungen, der Haken stand Vorkannte Luke vier. Da rief der Alte aus der Nock: »Bootsmann, lass das mal den Dritten machen, der Junge muss das lernen.« Gesagt getan. Übung macht den Meister und so einer war ich noch nicht. Mit dem Block, der mit einem Bolzen den Haken verbindet, habe ich den Haken umgeworfen. Als ich schon auf dem Weg zum Deckskran war, um den Haken wieder aufzurichten, hörte ich den Alten schon wieder rufen: »Lass gut sein, das geht auch so.« Der Bootsmann, Schuhgröße 46, Hände so groß wie Scheißhausdeckel, ein Kreuz wie die Eiger Nordwand, ging in die Hocke und stellte den Haken wieder in die Senkrechte. Bei diesem Vorgang hatte ich ein nicht zu bestimmendes Geräusch gehört. Der Bootsmann hatte in gebückter Haltung, breitbeinig, die Luke verlassen und sich Richtung Aufbauten bewegt. Ich hatte angenommen, dass hier mindestens ein Bandscheibenvorfall, wenn nicht sogar Leistenbruch oder Ähnliches vorläge. Die Ferndiagnose aus der Nock lautete aber, was übrigens sofort vom Bootsmann bestätigt wurde: »Der Scheich hat sich in die Hose geschissen!«

Einen echten Asthmaanfall hatte ich an einem Kuli zu behandeln. Man muss wissen, dass die Hafenarbeiter auch bei 50° C im Schatten die Arbeit nicht einstellten. Zwar immer »Aste, aste«, was soviel wie »Langsam und immer mit der Ruhe« bedeutete. Der Mann, der unter starker Atemnot litt, wurde in den Behandlungsraum geführt. Dort versorgte ich ihn zunächst mit einem Spray, was ihm schon zu etwas Linderung verhalf. Dann versuchte ich ihm eine Spritze mit dauerhafter Wirkung zu verpassen. Doch was war das? Die Nadel bog sich, drang aber nicht in die Haut ein. Der Mann hatte eine Haut wie gegerbtes Leder. Erst im dritten Anlauf fand die Nadel ihren Weg in den Muskel.

Spritzen waren an Bord äußerst unbeliebt. Man mag es kaum glauben, aber vor mir haben Kerle wie Felsen in der Brandung gestanden, die beim Anblick einer Spritze weiche Knie bekommen haben und leichenblass geworden sind. Sie mögen mich für sadistisch halten, aber ich habe es immer abgelehnt, Tabletten zu verabreichen, wenn jemand mit einem Tripper vor mir stand und seine leckende Pfeife behandelt haben wollte. Kondome waren reichlich und kostenlos an Bord vorhanden, es gab aber immer mal wieder einen Unverbesserlichen, der sich mit dem Spruch: »Dann ist das für mich kein Ficken«, rechtfertigte. In solch einem Fall habe ich mein Megacillin aus dem Kühlraum geholt, den Patienten mit heruntergelassener Hose auf die Pritsche im Behandlungsraum gelegt, die Spritze, ohne sie handwarm zu machen, in den rechten, oberen Quadranten seines Hintern bis zum Anschlag hineingestochen und in einem Arbeitsgang den Inhalt hineingejagt. Im Ergebnis verließen solche Patienten die Krankenstation immer mit den Worten: »Nie wieder ohne!«

Oft mussten wir lange auf Reede liegen und warten, bis wir einen Liegeplatz im Hafen bekamen. Seeleute sind erfinderisch, wenn es darum geht, Müßiggang zu vertreiben. Eine Lieblingsbeschäftigung war das Angeln auf Reede. Wir hatten sogar mal einen Hai an der

Angel. Mit blutigem Fleisch und Leber wurden die »Kuddels« angefüttert. Die Jungs aus der Maschine hatten einen Haken geschmiedet, an dem ein ordentlicher Fleischbrocken hing. Der Haken war mit einem Draht verspleißt, der wiederum mit der Mooringwinde auf dem Achterdeck verbunden war. Erst als dieses »Monstervieh« an Deck lag und sich nicht mehr rührte, habe ich versucht, mit meinem Decksmesser in die Haut zu stechen. Es war nicht möglich. Seitdem bin ich skeptisch, wenn ich Actionfilme sehe, bei denen ein Taucher einen Kampf mit einem Hai führt und diesen mit seinem Messer in die Flucht schlägt. Erst als die Kombüsencrew mit schwerem Gerät anrückte, wurde der Hai zerlegt und landete in diversen Pfannen. Die Heckflosse wurde präpariert und am Flaggstock befestigt, sah geil aus!

Leider gab es, wie das wohl auch bei Anglern an Land geschehen mag, Grund für Streitereien. Meist wurde das verbal gelöst, in einem Fall aber nicht. Ein Maschinenassistent hatte dem Vierten Ingenieur seine Angelrute durch das Gesicht gezogen. Als ich dazu gerufen wurde, stand ein blutendes Häufchen Elend vor mir. Bei großer Hitze waberte um den Mann herum ein widerliches Geruchsgemisch aus Blut, Kot und Urin. Ich rief den Offiziersanwärter zur Hilfe und erklärte ihm, dass er jetzt bezüglich Gesundheitsfürsorge mehr lernen könne als später im Studium. Zuerst stellten wir den Mann im Behandlungsbereich unter die Dusche. Zwecks Reinigung und um zu sehen woher das viele Blut überhaupt kam, begannen wir vorsichtig die Säuberung von unten nach oben. Über der rechten Augenbraue enddeckte ich einen ca. zwei Zentimeter langen Riss. Desinfiziert, geklammert, mit Blutstiller und Verband versorgt, verließ der Patient nach einer halben Stunde, begleitet vom 1. Ing. den Raum. Ich war schon fast fertig mit Wischen und Desinfizieren, als ich bemerkte, dass der OA nicht mehr bei mir war. Nachdem ich die Krankenstation wieder einsatzbereit verlassen hatte, begab ich mich auf die Suche nach dem OA. Die gestaltete sich recht kurz, denn ich fand ihn kniend vor der Toilette seiner Kammer, wo er in ein Gespräch mit seinen Urahnen vertieft war (Uraaaahhhhhhhn). Beschwingt und erheitert wegen des sich die Seele aus dem Leib kotzenden OAs begab ich mich zum Verwalter, holte mir eine Buddel Bier, ging auf das inzwischen gereinigte Deck, stellte mich an die Reling, und – hatte plötz-

lich keine Beine mehr. Meine Buddel war in den Bach gefallen, ich kniete an der Reling und hatte kalten Schweiß auf der Stirn. Dies wiederum führte zur Erheiterung der anderen Crewmitglieder. Man half mir auf die Beine, besorgte mir eine Ersatzbuddel und bedankte sich für die Versorgung des 4. Ing. Langsam verzog sich der Schock, der mir, nachdem alles erledigt war, in die Glieder schoss.

Von ähnlicher Qualität war ein Arbeitsunfall eines Kulis in Cochin/Indien. Der Hafenarbeiter hatte seine rechte Hand so auf dem Lukensüll des Hauptdecks abgelegt, dass sein Daumen in die Luke ragte. Mit der linken Hand gab er seinem Kollegen, der die Winde zum Lukeschließen bediente, das Zeichen zum Hieven. Es ging ihm wohl nicht schnell genug, sodass er laut schrie »Abbes, abbes.« Nun lief die Winde im dritten Gang und die tonnenschweren Lukendeckell rollten nicht nur über die Luke, sondern auch über seinen Daumen, der in die Luke fiel und nicht mehr gefunden wurde. Der Schock über den Verlust des Daumens hat dem Mann wohl einen derartigen Adrenalinstoß versetzt, dass er zunächst keinerlei Schmerz verspürte. Als er jedoch das mit jedem Pulsschlag aus seiner Wunde schießende Blut sah, begann ein ohrenbetäubendes Geschrei an Deck. Als ich die Szene betrat, wusste ich zunächst nicht, wer der Verletzte war. Erstens waren die umherstehenden Kulis auch mit Blut besudelt und zweitens schrien sie genauso laut wie der Verletzte.

Auf den verständigten Krankenwagen konnte ich nicht warten. Also Schlagader abdrücken und ab zum Behandlungsraum. Dies gestaltete sich als der schwierigste Part der Behandlung. Der Patient verdrehte mehrfach die Augen und machte Anstalten, ohnmächtig zu werden. Ich spürte aber sehr genau, dass er die Aufmerksamkeit, die ihm zuteil wurde, sehr genoss, also entschloss ich mich, ihn und die umstehenden Gaffer anzubrüllen. Dies zeigte sofortige Wirkung, meine Worte wurden verstanden und ich kam zügig dazu, die Wunde zu reinigen, die Haut über den Stumpf zu ziehen, zu klammern und zu verbinden. Froh war ich, als die Sanitäter eintrafen, den Verband lösten und mir gute Arbeit bescheinigten. Sie nahmen den Mann und einen seiner Kollegen als Begleiter mit und fuhren davon. Leider konnte ich auch über unseren Agenten nichts darüber erfahren, wie es dem Mann weiterhin ergangen ist.

Sport an Bord

Heutzutage sind seegehende Schiffe oftmals mit Schwimmbad, Muckibude, Sauna und Kino ausgestattet, nicht so in meiner Zeit. Da ich schon als Junggrad in einer Bordmannschaft Fußball gespielt habe, habe ich auch die Gründung einer Fußballelf auf der Schönfels angestoßen. Der Alte hat jedwede Aktivitäten zur Freizeitgestaltung der Mannschaft, seien es Grillfeiern, Landausflüge, u.s.w., immer unterstützt. Deshalb war er auch sofort Feuer und Flamme, als ich ihm mein Anliegen vorgetragen habe. Trainiert wurde im leeren, oberen Zwischendeck in Luke fünf. Dies erforderte wenn wir auf See waren besonderes Geschick sowohl in der Ballführung, wie auch in der Schusstechnik, was uns aber beim Spiel an Land immer zugute kam. Wir waren in jeder Beziehung immer an erhöhte Anforderungen gewöhnt. Der Alte beobachtete das Trainingsgeschehen und bot uns an, die Mannschaft mit Trikots, Fußballschuhen etc. auszustatten, damit wir uns künftig mit anderen Bordmannschaften während der langen Hafenliegezeiten messen könnten. In Muscat, am Golf von Oman, dem Eingang zum Persischen Golf, musste der Schiffshändler auf die Order des Alten sofort nach dem Festmachen an der Gangway stehen. Der 1. O. musste meine Deckswache gehen. Der Alte, der Schiffshändler und ich wurden auf den Basar zum Einkaufen gefahren. Ein Satz Trikots, Hosen, Stutzen und Schuhe für 11 Spieler und zwei Ersatzleute. Einziges Problem, der Bootsmann hatte Schuhgröße 46. Solche Schuhe gab es auf dem Basar nicht. Unser erstes Spiel bestritt der Bootsmann in seinen schwarzen Sonntagsausgehlackschuhen.

Nun wäre unser Alter nicht unser Alter gewesen, wenn er ein Spiel gegen einen anderen Dampfer organisiert hätte, nein, da musste schon ein ebenbürtiger Gegner für seine »Würger«, so unser Mannschaftsname, her. Unserem Bootsmann mangelte es wegen seiner Körpergröße am graziösen, von Technik geprägtem Spiel. Er glich diesen Mangel sowohl im Angriff, wie auch in der Verteidigung jeweils dadurch aus, in dem er sein Gegenüber mit den Worten: »Ich würge dich« anbrüllte, was jeweils genug Verwirrung stiftete und er in Ballbesitz blieb, bzw. kam.

Es war namentlich eine Profimannschaft aus Bahrein, gegen die wir unser erstes Spiel bestreiten mussten. Der Alte hatte dem Agenten so viel Dampf unterm Hintern gemacht, dass dieser wohl all seine Beziehungen spielen ließ, um diese Begegnung zu ermöglichen. Man muss wissen, dass in den Emiraten schon damals nicht nur edle Pferde und Rennkamele gehalten wurden, nein, es durfte auch schon mal eine Fußballmannschaft sein, die man als Emir sein Eigen nannte.

In einem klimatisierten Bus mit allem Schnickschnack wurden wir, zusammen mit unseren Fans, im Hafen von Bahrein abgeholt. Die Sportanlage war vom Feinsten, über dem Hartplatz flimmerte vor Hitze die Luft. Gleich nach einer kurzen Begrüßung ging es in die Umkleidekabine und dann auf den Platz. Unsere Gegner nahmen uns zunächst ernst. Dachten sie doch, ihnen stehe eine ebenbürtige Mannschaft gegenüber. Zumindest waren wir ordentlich gekleidet, vom Bootsmanns Schuhwerk mal abgesehen. Es dauerte aber nicht länger als zehn Minuten, bis unsere Gegner begriffen, mit wem sie es da zu tun hatten. Ab diesem Zeitpunkt hatten diese Jungs richtig Spaß mit uns. Minutenlang bin ich um meinen Gegenspieler gekreist, der ein Zwillingsbruder von Pele zu sein schien. Er machte mir den Rastelli, ohne mir die Chance zu geben, an den Ball zu kommen. Erst der heranstürmende Bootsmann und sein Schlachtruf machte dieser, meiner, Blamage ein Ende. Nach zweimal zwanzig Minuten in brütender Hitze gingen wir klatschnass, mit hängenden Ohren und einem 0:10 vom Platz.

Um diese Niederlage verschmerzen zu können und die Motivation unserer noch so jungen Mannschaft hoch zu halten, habe ich einen Spielbericht geschrieben, an das schwarze Brett vor der Offiziersmesse gehängt und an die »Kehrwieder« geschickt. Tatsächlich wurde mein Leserbrief und der Spielbericht unter dem Titel »Würger und Gewürgte am Persergolf« abgedruckt. Dies ergab einen erneuten Motivationsschub für die »Würger« und wir stellten uns in einer nächsten Begegnung der Mannschaft eines DDR-Dampfers.

Der Dampfer lag direkt vor uns und wie sich herausstellte, sollte auch seine Liegezeit noch eine Weile andauern, ein idealer Gegner für ein Fußballspiel. In meiner Freiwache machte ich mich sofort auf den Weg. Es war eine herzliche Begrüßung und die Herausforderung wurde schnell angenommen. In der Kammer des zweiten Offiziers wurde alles Erforderliche mit zwei weiteren Besatzungsmitgliedern schnell verabredet. Als ich nach der Verabschiedung mit dem 2. O. alleine war, schloss er die Tür und druckste so komisch herum. Ich bat ihn, mir frei heraus zu sagen, was ihn noch bedrückte. Er fragte mich: »Habt Ihr Hefte an Bord?« »Natürlich haben wir Hefte an Bord,« antwortete ich und versprach, eine halbe Stunde später wieder bei ihm an Bord zu sein. Auf der Schönfels zurückgekehrt, klapperte ich alle Kammern ab und sammelte Pornohefte ein, verbarg sie unter meinem Hemd und der Khakijacke, und ging zurück zum DDR-Dampfer. Dort war die Enttäuschung groß. »So 'nen Scheiß haben wir selber!«, sagte er. Was er wollte, waren Zeitschriften wie »Stern«, oder »Spiegel«. Auf DDR-Schiffen fuhr immer ein Politoffizier mit. Wenn Mannschaftsmitglieder vom Landgang zurückkamen, wurden sie noch an der Gangway gefilzt. Hatten sie deutschsprachige Magazine dabei, so wurden diese sofort beschlagnahmt. Nach Durchsicht durch den Politoffizier wurden sie entweder wegen staatsfeindlicher Berichte vernichtet, oder es waren so viele Artikel herausgerissen, dass oft nur noch die Seiten mit Werbung übriggeblieben sind. Ich habe mich bei meinem Kollegen entschuldigt, und sofort einen neuen Anlauf unternommen. Wir hatten uns so verabredet, dass ich ihm nach Einbruch der Dunkelheit ein verschnürtes Bündel von der Pier aus auf das Poopdeck werfen sollte. So wurde es gemacht. Die Zeitungen, in Packpapier eingewickelt und mit einem Tampen verschnürt, flogen direkt in die Arme des Zweiten, der schnell in den Aufbauten verschwand. La Paloma pfeifend ging ich an Bord und traf den Zweiten selig lächelnd und dankbar in seiner Kammer an. Offensichtlich hatte ich nun die richtige Auswahl getroffen.

Ein Sportplatz in der Nähe des Hafens war schnell gefunden, wir akzeptierten den Politoffizier als Schiri und ein von beiden Seiten sehr engagiertes, faires Spiel nahm seinen Lauf. Es stellte sich schnell heraus, dass Stärken und Schwächen beider Mannschaften gerecht verteilt waren. Bis in die zweite Halbzeit stand es 1:1, was sicherlich auch ein gerechtes Ergebnis gewesen wäre, doch ein Torwartfehler der DDRler brachte uns die Führung zum 2:1. Nun geschah etwas für uns völlig Unverständliches: Unsere Gegner zogen sich ohne Gruß in ihren »Fanblock« zurück. Normalerweise klatschte man sich nach so einem Spiel ab, schüttelte Hände und rief ein dreifaches »Hipp, Hipp, Hurra« aus, aber nichts dergleichen geschah. Unser größter Fan, der Alte, klärte uns auf. Es gibt das ungeschriebene Gesetz, dass der Verlierer die gegnerische Mannschaft zum Umtrunk an Bord einlädt. Damit hatten die Jungs nun offensichtlich ein Problem. Zusammen mit dem Alten gingen wir hinüber zu den Verlierern und sprachen eine offizielle Einladung zu uns an Bord aus. Wir betonten aber, dass diese Einladung unabhängig vom Spielergebnis gelte, und schon vor dem Spiel so beschlossen gewesen war. Wir konnten hören wie den Seeleuten des DDR-Dampfers zentnerschwere Steine vom Herzen fielen. Der Alte hatte Recht behalten, das ungeschriebene Gesetz war auch auf DDR-Schiffen bekannt. Nun erschallte das noch ausstehende, dreifache »Hipp, Hipp, Hurra!«

Vor der darauffolgenden Party wurde unsere gesamte Mannschaft noch vom Alten dazu vergattert, keinerlei politische Gespräche zu führen. Es gab auch noch genügend anderen Gesprächsstoff, denn der gegnerische mitgebrachte Fanblock bestand zu einem großen Teil aus Stewardessen und zwei Funkerinnen. Unsere Kombüse hatte ein leckeres Barbecue vorbereitet, wir stellten auch die Getränke, aber der harte Stoff in Form von diversen Flaschen eines klaren Getränkes aus russischer Herstellung, war ein Gastgeschenk unserer gewonnenen Freunde aus dem anderen Teil Deutschlands. Der Genuss diverser Schnäpse führte dazu, dass immer mehr Damen begehrten, sich mal die Nase pudern zu dürfen. Unsere Kavaliere gestatteten den Damen hierzu den Zutritt zu ihren Kammern. Wenn dann ein solches Paar wieder auf dem »Partydeck« erschien, konnte man an strahlenden glänzenden Augen leicht feststellen, dass in der Zeit ihres Fernbleibens nicht nur die Nase gepudert wurde.

Heimreise

Nach den USA, Rotes Meer, Persischer Golf, Indien, Ceylon erhielten wir die Order, nach Bremen zu fahren. Zurück durch den Suez Kanal ins Mittelmeer.

Es war sonntags auf meiner Wache, die Kanalfahrt lag seit Stunden hinter uns. Gegen 10.00 h gemütliches Kaffeetrinken auf der Brücke. Strahlender Sonnenschein, ruhige See, gute Sicht, nur Fahrtwind zu spüren. Auf der Brücke der Alte, der Chief, der Erste, der Funker, der OA und ich.

Aus der Backbord Nock heraus beobachtete ich einen aufkommenden weißen Dampfer. Aus dem Schornstein kamen schwarze Wolken. Entweder handelte es sich um einen echten, alten Dampfer, der seinen Schornstein durchbließ, oder aber es waren Schwerölwolken und seine Maschine lief auf äußerster Kraft. Wir liefen parallel unter gleichem Kurs, der Abstand verringerte sich gefahrlos. Als der Alte in die Nock kam und mich fragte, was es da achteraus zu sehen gab, hatte ich bereits durch das Fernglas feststellen können, dass es sich um einen israelischen »Bananenjäger« handelte. »Was macht der denn?«, wollte der Alte wissen. »Ich glaube, der will ein Rennen«, antwortete ich arglos.

Die Schönfels hatte einen MAN Dieselmotor. Ein sogenannter Langhuber. Bei 118 Umdrehungen pro Minute machten wir laut Logge knapp 22 Knoten.

»Nun«, dachte der Alte wohl, »die Herausforderung nehme ich an.« Wie beiläufig fragte er den Chief, der von dem Gespräch in der Nock nichts mitbekommen hatte, wieviel Umdrehungen unser Diesel wohl maximal abkönne. Der Gefragte wiegte sein Haupt, verlagerte sein Gewicht von einem Bein auf das andere und meinte, dass die Sache mit 118 U/Min. wohl schon ausgereizt sei, brachte Werftgarantie etc. ins Gespräch und meldete vorsorglich größte Bedenken an, falls eine höhere Drehzahl angestrebt werden sollte. »Dann haben wir das Rennen wohl verloren«, meinte der Alte nur, und wandte sich ab. »Was für ein Rennen?« Natürlich könne man für kurze Dauer, aber nicht auf seine Verantwortung usw., usw., stotterte der Chief.

»Also dann«, sprach der Alte, »auf 120 U/Min. gehen.« Der Chief rief den 2. Ing. an, beorderte ihn in die Maschine und wies ihn an, vom Fahrstand aus die Füllung zu erhöhen und auf 120 U/Min. zu gehen. Nun kamen auch aus unserem Schornstein schwarze Rauchzeichen und erste Vibrationen waren spürbar. Der Israeli kam langsamer auf, war aber immer noch schneller als wir. Inzwischen waren auch die Decks von der gesamten Mannschaft an unserer Backbordseite bevölkert, denn es hatte sich schnell herumgesprochen, dass da gerade ein Rennen lief. Nun kam die Order vom Alten, auf 122 U/Min. zu gehen. Der Chief hatte Schweißperlen auf der Stirn, setzte die Order aber um. Nun mussten noch vier Maschinenassistenten in den Maschinenraum. Sie hatten die Aufgabe, mit Lampen die Maschinenfundamente abzuleuchten und nach Rissen Ausschau zu halten. Jede Unregelmäßigkeit sollte dem Chief sofort gemeldet werden. Um die Drehzahlerhöhung schneller zu erreichen, wurde von Schweröl auf Diesel umgeschaltet. Nun war mit bloßem Auge nur noch schwer auszumachen, wer schneller war, die Aufregung bei uns an Bord war in das Unermessliche gestiegen, als es plötzlich auf Kanal 16 aus dem UKW ertönte: »German Ship on my starboard side, you won the race. Good luck, and a good voyage!« Ich hatte Recht behalten. Auf dem Israeli hatte man tatsächlich ein Rennen gestartet. Im gleichen Moment fiel der Israeli zurück, die Rauchwolke aus seinem Schornstein war verschwunden. An Deck und auf der Brücke brach ein Jubelgeschrei aus. Der Chief telefonierte sofort mit dem 2. Ing. und begab sich selbst in die Maschine, um einen Kontrollgang durchzuführen. Und wir liefen wieder mit gemäßigten 21 Knoten weiter, nachdem der Alte sich beim Israeli für die gelungene sonntägliche Abwechslung vom Alltag bedankt hatte.

In Bremen angekommem, verließ ich die Schönfels mit der Ernennung zum 2. Offizier, die der Alte schon von See aus mit der Abteilung Personal See klargemacht hatte.

Flugreisen

Nicht immer fand eine Ablösung am Kontinent statt, oft bin ich von- oder an Bord über den Luftweg gelangt.

Meine ersten Einsätze als zweiter Offizier waren die des Ablösers am Kontinent. So wie auch das beschriebene Treffen mit dem von mir ungeliebten Kollegen auf dem Singapurdampfer zustande kam. Als Zweiter war man bei Hansas Ladungsoffizier. Es war ein Knochenjob. In Hamburg, Bremen, Antwerpen und Rotterdam drehten sich die Kräne Tag und Nacht. Ein Schiff im Hafen kostet nur und verdient nichts, ergo wurde oft an fünf Luken gleichzeitig geladen und gelöscht. Meine Deckswache ging von 18.00 h bis um 06.00 h morgens. Dazu musste der gesamte Papierkram erledigt, Staupläne gezeichnet, Lukenlisten, etc., etc. erstellt werden. Wenn ich Pech hatte, kam ich um 06.00 h von Deck, musste um 11.00h zu »Klar vorn und achtern« am Heck stehen und ab 12.00 h meine Seewache bis 16.00 h gehen. Oft bin ich gar nicht »aus den Klamotten gekommen« und habe auch meine Koje nicht gesehen, habe im Office mit dem Kopf auf dem Schreibtisch gepennt, bis nach einer halben Stunde meine Deckswache mich anschubste: »Sab, dey need you hatch number pipe.« Oft waren es nur eine heiße Dusche, eine Pfanne Rührei, ein Liter Milch und viel Kaffee, die meine Lebensgeister am Laufen hielten.

Schön war, dass ich zwischen den Einsätzen immer ein paar Tage zuhause sein konnte. Von Rotterdam aus fuhr ich mit dem ICE 1. Klasse nach Frankfurt. Von der Gangway des Schiffes bis zur Haustür vergingen so immer sechs erholsame Stunden. Bis zu dem Zeitpunkt als mir ein Kapitän anbot, doch mit dem Shuttlebus der KLM von Rotterdam nach Amsterdam zu fahren und von dort aus nach Frankfurt zu fliegen. Finanziell machte das für die Reederei keinen Unterschied und so nahm ich das Angebot an. Unser Agent in Rotterdam besorgte die erforderlichen Tickets, mit dem Taxi zum Shuttlebus und ab nach Amsterdam. Das Erste was ich am Gate sah, war: »Amsterdam-Frankfurt deleted«. Scheiße! Es war pottendick auf dem Rollfeld. Der Nebel so dicht, dass man die Hand vor den Augen nicht sah. Am Schalter der KLM konnte man mir zunächst nicht helfen, versprach aber, mich auf den nächstmöglichen Flug umzubuchen, es sei Wetterbesserung vorausgesagt. Ich bekam einen Gutschein für ein Essen und ein Getränk und sollte auf meinen Aufruf warten. Nach etwa drei Stunden kam eine Stewardess an meinen Tisch und bat mich zum Counter. Mir wurde mitgeteilt, dass eine Maschine zwischenlandet und dann weiter nach Frankfurt fliegt. Hurrah, es ging weiter. Als wir den Luftraum Frankfurt erreichten, hatte sich das Nebelfeld von den Niederlanden nach Hessen verlagert. Nun drehten wir Kreis um Kreis, Warteschleife um Warteschleife. Der Pilot verkündete über Lautsprecher, dass wir bald Landeerlaubnis bekämen, da unser Sprit zur Neige ginge, was bei allen Passagieren ein ungutes Gefühl in der Magengegend verursachte. Nach einer weiteren Stunde war es dann so weit, wir landeten. Bis ich meinen Koffer vom Rollband geholt, den Zoll passiert, ein freies Taxi bekommen hatte und dann endlich zuhause angekommen war, vergingen weitere 90 Minuten. Fazit: Das mit der Zeitersparnis war voll in die Hose gegangen.

Richtiges Düsensausen beim Fliegen hatte ich beim Anflug auf Genua. Starts hatte ich dort schon gehabt. Die Startbahn ging aufs Meer hinaus. Es erinnert daran, wie Kampfjets von einem Flugzeugträger starten. Plötzlich verschwindet das Rollfeld und man sieht nur Wasser unter sich. Im Vergleich zur Landung war dies aber harmlos. Bei der Landung hatte der Pilot mit auflandigem Wind zu kämpfen, was die Steuerfähigkeit erschwerte. Das Fahrwerk kam nicht parallel zur Rollbahn auf. Erst quietschten links die Räder, dann ein Ruck, der alle Passagiere durchschüttelte, dann erneutes Quietschen rechts, wieder ein Ruck, dann beide Fahrwerke und das heulende Geräusch der Turbinen, die jetzt volle Kraft rückwärts liefen. Am Ende der Landebahn befindet sich die Stadt und ein Berg, der es meines Erachtens dem Piloten unmöglich macht, die Maschine im Notfall durchzustarten. Man knallt wohl unweigerlich gegen den Berg, was aber meines Wissens noch nie passiert ist. Wenn man aber in so einer Maschine sitzt, denkt man, irgendwann ist immer das erste Mal.

Ein weiteres Flugabenteuer hatte ich im Iran. In Khorramshar wurde ich von einem Kollegen abgelöst; unser dortiger Agent fuhr mich mit seinem Dienstwagen nach Teheran. In diesen Zeiten gab es im Iran weder ein ausgebautes Bahn- noch ein Straßennetz, dass diesem Namen Ehre machen würde. Alle, die sich im Iran von A nach B bewegen wollten, nutzten Lasttiere oder eben ein Flugzeug. Der Iran ließ aber keine neuen Flugzeuge bauen, sondern kaufte ausschließlich ausgemusterte russische Fluggeräte. Ab- und Ankunftszeiten der Flüge waren keine echten Zeitangaben, sondern nur ungefähr geschätzte Vorhersagen. Mein Begleiter, der Agent, redete unaufhörlich, mal in Englisch, mal in seiner Muttersprache, auf mich ein. Ich solle mir keine Sorgen machen, das sei alles ganz normal und noch immer gut gegangen. Nach mehreren Stunden konnte ich einchecken und bestieg das Fluggerät. Im Fahrgastraum ein Lärm von Geschnatter und Gekreische, das sogar die bereits eingeschalteten Triebwerke übertönte. Wir starteten, hatten unsere Flughöhe erreicht, als der Pilot eine Durchsage auf Arabisch machte, die sofort zu größter Unruhe der Passagiere führte. Was war los? Wir kehrten um und setzten offensichtlich wieder zur Landung an.

An Bord der jeweiligen Hansaschiffe hatte uns der Funker mit Informationen zum Tagesgeschehen über Norddeich Radio, täglich eine Seite des »Hamburger Abendblatts« auf seiner Schreibmaschine angefertigt. So wussten wir um die Terrorangriffe der RAF und um die diversen Flugzeugentführungen. Da meine Sitznachbarn außer ihrer Muttersprache keine andere Sprache verstanden, aber sehr aufgeregt waren, war mir klar, dass im Cockpit ein Terrorrist dem Flugkapitän gerade eine Waffe an den Kopf hielt. Als wir wieder auf dem Rollfeld standen, schnallte ich mich ab und entdeckte einen, abgesehen von seinem Turban, europäisch gekleideten Inder. Ich sprach ihn auf Englisch an und er versicherte mir, dass alles in Ordnung sei. Man habe bloß vergessen, die Laderaumtür richtig zu verschließen und so keinen Unterdruck in die Maschine bekommen.

Nun ging es wieder nach oben. Wir setzten ca. eine halbe Stunde früher zur Landung an, als es der angegeben Flugzeit entsprach. Ich schaute aus dem Fenster. Das war doch nicht Frankfurt! Wir landeten in München. Wir fuhren nicht zu einem Gate, sondern hielten auf dem Rollfeld, in größerem Abstand umringt von Fahrzeugen mit Blaulicht. Nimmt dieser Flug den kein Ende? Wird der Flug zum Fluch? Die Türen blieben verschlossen. Unser Gepäck wurde entladen und im Abstand von je einem Meter auf dem Rollfeld aufgebaut. Jetzt wurden die Türen geöffnet und jeder Passagier musste mit seinem Gepäckstück in einen der bereit stehenden Busse steigen. Ich fand Platz in einem der letzten Busse und sah, dass ein Gepäckstück übrig geblieben war! Mit einem Lufthansaflieger kam ich endlich in Frankfurt an. Zuhause habe ich alle Nachrichtensendungen verfolgt und darauf gewartet, etwas über den Flug Teheran–München zu erfahren. Auch die Presse berichtete am Folgetag nichts darüber. Was es mit dem verbliebenen Koffer auf sich hatte, habe ich nie erfahren.

»Für gut« als 2. O. auf M.S. Sternenfels

»Für gut« ist eine Redewendung unter Seeleuten, übernommen aus dem englischen »for good«, und bedeutet so viel wie: für fest, für länger oder für immer. Im konkreten Fall hieß das, ich fuhr nicht mehr als Ablöser, sondern die Sternenfels war mein fester Dampfer, auch über eine Urlaubszeit hinaus.

M. S. Sternenfels war ein Ausbildungsschiff. 20 Offiziersbewerber waren an Bord. Der Lehrberuf »Matrose in der Seeschifffahrt« war ausgestorben. Nach dem Abitur ein Jahr Fahrzeit, dann direkt zum Studium. Ein Ausbildungsoffizier im Range eines zweiten Offiziers, seine Ehefrau, von Beruf Pädagogin, und der Bootsmann bildeten das Ausbildungsteam. Der Bootsmann war ein alter Bekannter, nämlich Hannes, und unsere Begrüßung fiel sehr herzlich aus. Wir bildeten schnell eine Clique, zu der auch bald Reini, der OA gehörte. Reini und ich waren etwa gleichaltrig. Er hatte bereits eine Ausbildung bei der Polizei hinter sich, als es ihn zur Seefahrt zog. Reini war die gute Laune in Person, ein böses Wort oder Aufregung gab es bei ihm nicht. Er hatte immer einen Spruch parat, brachte ständig sein Umfeld zum Lachen. Reini hat nach dem Studium in Elsfleth und der Fahrzeit als Kapitän auf Tankern den Beruf des Lotsen ergriffen und wird in wenigen Jahren in Pension gehen. Mit dem Alten, dem Ersten, und dem Dritten kam ich gleichfalls prima klar, die Seefahrt auf der Sternenfels war die reine Freude.

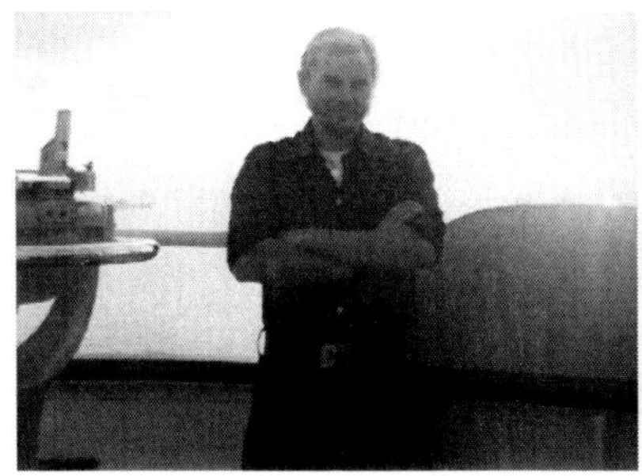

Essen und Trinken an Bord und an Land

Obwohl wir unter dem »Hungerkreuz« fuhren, gab es für mich zu keiner Zeit Anlass, am Essen herumzumeckern. Jeden Tag drei warme schmackhafte Mahlzeiten, wer hat das schon? Die Bezeichnung »Hungerkreuz« für das Hansekreuz stammt wohl noch aus uralten Zeiten der Seefahrt, in denen die Entbehrungen für den Seemann groß waren.

Zu den Aufgaben des 2. Offziers gehörte neben der Ladung, der See- und Deckswache, auch die Überwachung der Reinhaltung der Logis, der Proviantträume und der Kombüse. Als solcher war er der Disziplinarvorgesetzte der Kombüsenmannschaft und des »Feudelgeschwaders«, der Stewards.

Der Sonnabend, an dem es mittags traditionell immer Eintopfgerichte gab, war der Tag, an dem ich meine Rundgänge durch die Kühlräume, die Kartoffellast, die Bierlast etc. unternahm. Der Sonnabend war für die Kombüsenmannschaft quasi ein Erholungstag, denn die Mannschaft hatte ja auch sonntags Hunger und es musste gearbeitet werden.

Der zweite Koch hatte schon mehrere Ermahnungen wegen des Alkoholgenusses während der Dienstzeit erhalten und stand unter besonderer Beobachtung. Unter Alkohol war er nicht nur eine Gefahr für sich selbst, sondern auch für andere. Der Kapitän hatte mich an diesem Wochenende auf meinem Rundgang begleitet, was er circa einmal im Monat tat, als wir uns palavernd der Kombüse näherten. Der zweite Koch stand am größten Pott, der für die Zubereitung von Eintopf zur Verfügung stand, und rührte mit einem ebenso großen Kochlöffel breit grinsend darin herum. Sein Grinsen kam mir sofort verdächtig vor, allerdings zermarterte ich mir vergeblich mein Hirn nach der Ursache für seine überlegen scheinende gute Laune. Länger als gewöhnlich hielt ich mich mit dem Alten in der Kombüse auf. Der Alte befragte den Chefkoch und seine Kochsmaaten nach deren Befinden und es entstand eine lockere Plauderei. Indes bemerkte ich beim zweiten Koch eine aufsteigende Nervosität, auch erhöhte sich die Umrührfrequenz mit dem Kochlöffel spürbar. Ich trat näher an ihn heran, um nun auch ihn nach seinem Befinden zu befragen. Dies machte ihn um eine weitere Stufe nervöser und er stotterte etwas wie »alles gut, warum fragen Sie?«, daher. Da die Nähe zum 2. Koch mir nun auch den Einblick in den Topf ermöglichte, traute ich zunächst meinen Augen nicht. Ich nahm ihm den Kochlöffel aus der Hand und zog ihn aus dem Eintopf. Um den Stiel des Kochlöffels hatte sich ein von der Flasche abgelöstes Becksbier Etikett gewickelt. Mein nächster Griff ging zur Kelle, mit der ich eine grüne Buddel aus dem Eintopf fischte. Hatte dieses Schlitzohr doch tatsächlich die Buddel, die er wohl gerade am Hals hatte, als er die Stimmen von mir und dem Alten wahrnahm, einfach im Topf verschwinden lassen.

Die Reaktion des Alten überlasse ich der Phantasie der geneigten Leserin, des geneigten Lesers.

Im Ausland tätige Ingenieure und Arbeiter nutzten während eines langen Auslandsaufenthaltes oft und gerne die Gelegenheit, auf ein deutsches Schiff zu kommen. Gerne um mal wieder Deutsch zu sprechen, aber oft genug auch um nach Sauerkraut, Schwarzbrot und Becksbier zu fragen. Es sei an dieser Stelle gesagt, dass ich hier keine Reklame für eine Biermarke mache. Aber nicht nur Bremer Redereien wurden von dieser Brauerei beliefert, weil dieses Bier vermeintlich besser als andere Biere schmecken sollte. Der Grund lag darin, dass die Brauereiabfüllung für Seeschiffe gesondert erfolgte und dieses Bier wegen der Haltbarkeit mit Chinin versetzt wurde, was außerdem einer Malariaprofilaxe entsprach. Ein weiterer Vorteil für die Haltbarkeit war die Tatsache, dass unter dem Kronkorken kein Kunststoff, sondern Kork als Dichtmittel angebracht war.

Nun teilt der Seemann gerne, und oft genug verließ ein solcher Besucher mit einem Karton, gefüllt mit diesen begehrten Lebensmitteln unser Schiff.

Es gab aber genauso oft auch Gegeneinladungen an Land und wir konnten exotische Gerichte kennenlernen und unter fachkundiger Anleitung verzehren. Nicht immer war das angenehm, wie nachfolgende Geschichte beispielhaft belegen soll.

In Kuwait erhielten wir eine Einladung von einem hohen kuwaitischen Beamten, überbracht von einem deutschen Ingenieur, der mit vielen Kollegen und Arbeitern an einem Umspannwerk arbeitete. Leider wollte von den Offizieren keiner an dieser Einladung teilnehmen und ich wurde vom Alten dazu vergattert, unsere »Delegation« mit einem Gastgeschenk ausgestattet anzuführen. Uns erwartete ein buntes Programm, zu dem abwechselnd immer verschiedene Köstlichkeiten zum Verzehr angeboten wurden. Man muss allerdings wissen, dass der Orientale von einer geschlachteten Ziege oder einem Hammel alles außer Haut, Hörnern und Knochen isst. Wir saßen an einer großen Tafel, ich durfte am Kopfende dem Gastgeber gegenüber sitzen und wurde immer zuerst bedient. Doch beim vierten Gang war es anders. Alle hatten schon ihre gefüllten Teller vor sich stehen, als mit großem Trara zwei Dienstboten je einen Teller vor dem Gastgeber und vor mir abstellten. Was mich da ansah, war ein in Reis gebettetes Auge, umringt von orientalischem Gemüse. Auf den Tellern links und rechts von mir waren an Stelle des Auges kirschengroße Früchte platziert. Wie komme ich bloß aus der Nummer wieder raus?

Auf meinen Reisen habe ich mich immer für die nationale Küche interessiert, ich habe alles gegessen, was aus dem Meer kommt. Selbst Speisen mit unbestimmter Herkunft habe ich verzehrt, solange nicht ersichtlich war, dass es sich um Käfer, Würmer etc. handelte, war das okay für mich, aber ein Auge? Nein, das schaffte ich nicht! Nun griff ich zu einer List, für die ich mich noch heute manchmal schäme, ich erklärte das Essen von Augen zu einer Glaubensfrage. Meine Religion verböte es mir, Augen zu essen, verkündete ich dem Gastgeber mit einer Geste und dem Unterton meines tiefsten Bedauerns. Und, siehe da, ich hatte vollstes Verständnis für die Ablehnung der mir zuteil gewordenen Ehre, denn der Gastgeber verkündete, dass er aus dem gleichen Grund Speisen meide, die Schweinefleisch beinhalteten.

Wenn die Chance zum Landgang bestand, habe ich meist den Vorarbeiter der Stauergang danach befragt, in welche Gaststätte er denn mit seiner Familie und Freunden ginge, wenn es mal einen besonderen Anlass für ein gutes Essen gebe. Damit bin ich immer gut gefahren, denn diese Lokale waren immer abseits von irgendwelchen Touristenkneipen. Die beste Erinnerung habe ich an ein Lokal in Barcelona. Den Namen des Restaurants werde ich nicht verraten. Wenn Sie es mir gleichtun wollen, gehen Sie in den Hafen und fragen einen Vorabeiter. Ich erhielt nicht nur Namen und Adresse des Restaurants, sondern noch einen mit Bleistift handgeschriebenen Text, den ich dem Koch persönlich aushändigen sollte. Da ich der spanischen Zunge nicht mächtig bin, wusste ich nicht, was da geschrieben stand. Aber die Worte »amigo mio« kamen mehrfach darin vor, also hatte ich nichts zu befürchten.

Mit Reini, Günni, dem Ausbilder, seiner Frau und Bodo, dem 3. Offizier, zogen wir los. Schon beim Betreten des Restaurants waren wir überwältigt. Die Küche befand sich inmitten des Lokals, von allen Seiten einsehbar. Acht Köche mit weißen, unterschiedlich großen Mützen hantierten und wuselten, dass es eine Freude war. Rund um die Küche standen lange, weißgescheuerte Holztische, umrahmt von ebensolchen, grob behandelten Bänken. Ich sprach den Koch mit der am höchsten aufragenden Mütze an und überreichte ihm den vom Amigo mio geschriebenen Zettel. Er las bedächtig, lächelte freundlich und rief einen Ober heran, der uns einen Tisch zugewiesen hat. Nun dachten wir, dass wir zunächst eine Speisekarte bekommen würden, um unsere Getränke- und Essenswünsche bekunden zu können, doch weit gefehlt. Wir saßen keine fünf Minuten, als der Ober bereits mit Weinkaraffen und Gläsern an unseren Tisch kam. Eine Verständigung mit dem Ober war nicht möglich, aber er machte uns durch Handzeichen irgendwie klar, dass wir alles, was jetzt kam genießen sollen. Es war ein Festessen!!! Nach dem fünften Gang habe ich aufgehört zu zählen. Wir haben mehrere Stunden gegessen. Es gab zwischendurch immer wieder mal eine Pause, in der Osborn und Zigarren gereicht wurden, dann ging es weiter. Als wir beim Kaffee angelangt waren, der letzte Gang, die Süßspeise, verzehrt war, wurde am Nachbartisch, der mit fünf Ordensschwestern besetzt war, ein Lied angestimmt. Ein mir bekanntes italienisches Lied, für das es auch einen deutschen Text gibt. Beim Refrain stimmte ich ein: »Die süßesten Früchte fressen nur die großen Tiere, nur weil die Bäume hoch sind, und diese Tiere groß sind. Die süßesten Früchte schmecken dir und mir genauso, nur weil wir beide klein sind, erreichen wir sie nie.« Sofort wurden wir zum Nachbartisch eingeladen. Die Nonnen rückten auseinander, sodass immer eine Nonne, einer von uns, dann wieder eine Nonne saß. Es war ein herrlicher Abend geworden. Als wir gingen, haben wir uns quasi beim gesamten Lokal herzlich bedankt und uns mit Handschlag verabschiedet.

Ein Herz für Sternenfels

Alle Namen der seegehenden Schiffe der DDG Hansa endeten auf »fels«. Es waren meist deutsche Städtenamen oder Namen kleinerer Gemeinden, zu denen auch eine Patenschaft begründet wurde. Der Kontakt wurde entweder direkt mit der Reederei oder zwischen den jeweiligen Bürgermeistern und Kapitänen gehalten.

Aus Sternenfels erreichte uns eine Nachricht, dass man plane, ein Schwimmbad zu bauen und die Reederei und die Besatzung um finanzielle Unterstützung bat.

Wir lagen auf Reede vor Anker, warteten auf einen Liegeplatz und hatten Müßiggang. Was lag da näher, als eine Party mit Tombola zu veranstalten, deren Erlös der Kommune Sternenfels zugutekommen sollte? Die Ausbilder und ihre 20 Jungs haben sich mächtig ins Zeug gelegt. Es wurde gebastelt, gehämmert geschraubt und gemalt, und das Offiziersbewerberdeck in eine Partylandschaft verwandelt. Wir sind am Haken weiter die Seewachen durchgegangen. Als 2. O. hatte ich mit der 00.00–04.00 h Wache immer die Arschkarte gezogen. Entweder nüchtern bleiben bis Mitternacht oder nicht an der Party teilnehmen. Was soll ich sagen? Mir stand der Frust wohl ins Gesicht geschrieben, als Günni mir anbot, meine Wache zu gehen. Das war eine echte Freude! Endlich mal Party auch für mich. Nun ergab es sich, dass es in der Tombola auch Alkoholika zu gewinnen gab. Um 21.00 h nannte ich eine Flasche 12 Jahre alten Whisky mein Eigen, die schon gegen Mitternacht zur Neige ging. Wir lagen vor Anker, doch hatte ich auf dem Weg zu meiner Kammer den Eindruck, dass wir gerade mitten im Atlantik einen Orkan abritten. Am nächsten Morgen wurde ich um 11.15 h geweckt, um meine Wache 12.00 – 16.00 h anzutreten. Noch immer »schlecht Wetter«! Heiß duschen, frische Klamotten anziehen und auf die Brücke. Dort standen sie alle. Der Alte, der Erste, der Dritte, der OA, der Ausbilder und grinsten mich an. Mir fehlte die Zeit von da an, wo die Buddel zu dreiviertel leer war, bis zu dem Zeitpunkt, an dem ich die Party verlassen hatte. Hatte ich zwischendurch gepennt, schweinische Lieder zur Laute gesungen oder sonst einen Unfug angestellt? Ich wusste es nicht. Nun täuschte

ich geschäftiges Treiben vor und beugte mich über das Tagebuch, an Bord Logbuch genannt. Doch was war das? Die Eintragungen verschwammen, tauchten an anderer Stelle wieder auf, alles schien in Bewegung zu sein. Noch immer stand ich unter Beobachtung. Ich schlug dem Alten vor, mal kurz auf die Back zu gehen, die Hand auf die Kette zu legen, um so zu prüfen, ob der Anker über Grund geht. Mein Anliegen wurde sofort genehmigt und ich machte mich auf den Weg. Aus den klimatisierten Aufbauten hinaus in die tropische Hitze. Ich erreichte gerade die Achterkante der Luke vier, als ich zum ersten Mal kotzen musste. In der Brückennock haben sie die Laolawelle für mich gemacht und laut gejubelt. Ich musste noch zweimal kotzen, bis ich auf der Back angekommen bin, jedes Mal begleitet vom Jubel aus der Nock. Wieder auf der Brücke angekommen, rezitierte der Alte »Der Wahn ist kurz, die Reu' ist lang, wer abends säuft, ist morgens krank.« Das Angebot von Günni, auch meine 12.00–16.00h Wache zu gehen, habe ich dankend angenommen und mich wieder in meine Koje verholt.

Ankerwache, die Zweite und Dritte

Aus Persien kommend, liefen wir die Insel Malta an. Kaum angekommen, streikten die Hafenarbeiter. Ausgang des Streiks und das Streikende waren ungewiss. An einen Pierplatz war zunächst nicht zu denken, der Hafen von Valetta war voll. Der Lotse brachte uns an einen Ankerplatz, wo wir vorn mit dem Steuerbord-Anker und achtern an einem vorgelagerten, spärlich bewachsenen Felsen der Insel an zwei Pollern festmachten. An Land kamen wir nur mit dem eigenen Rettungsboot oder mit der morgens um 07.00 h und abends um 22.00h pendelnden Barkasse des Hafenmeisters.

Die Ankerwachen waren als gemütlich zu bezeichnen. Tagsüber habe ich Papierkram erledigen können, nachts habe ich gelesen. Wenn ich um 00.00 h meine Wache antrat, war es stockfinster, aber immer noch angenehm warm. Es gab keine Mücken, von denen man gepiesackt wurde, es wehte eine sanfte Briese von See her. Den Blick Richtung Felsen gewandt, nahm ich immer mal wieder an verschiedenen Stellen kleine, rötliche Lichtpunkte wahr. Glühwürmchen konnten das nicht sein. Da ich alle Zeit der Welt und sonst nichts zu tun hatte, habe ich den großen Marinescheinwerfer in der Nock aufgebaut. Dieses Monstrum musste eh mal ausprobiert werden, um zum Beispiel im Seenotfall als Suchscheinwerfer eingesetzt werden zu können. Als ich den Scheinwerfer eingeschaltet hatte, war der ganze Berg taghell und ich bekam jede Menge nackter, sich auf und ab, hin und her bewegender Ärsche zu sehen. Sofort habe ich wieder der Dunkelheit den Vorrang gegeben. Und da waren sie wieder. Die von Zigaretten und Feuerzeugen erzeugten Lichtpunkte. Dieses Mal schien es sich aber nicht um die berühmte Zigarette danach, sondern um einen Beruhigungssmoke zu handeln, denn ich hatte mit dem plötzlich erzeugten künstlichen Tageslicht zu ungewohnter Zeit den Lustfelsen in einen panischen Ameisenhaufen verwandelt.

Da kein Lade- und Löschbetrieb herrschte, nutzten Reini, Bodo, unser Funker, und ich die Chance zum Landgang. Natürlich haben wir die Barkasse um 22.00h nicht geschafft, hatten somit die ganze Nacht noch vor uns. In der Nähe der größten Kirche war auch der Rotlichtbezirk, in einer gemütlichen Bar haben wir gezecht, bis die Knete alle war. Als es hell wurde, sind wir zum Hafen geschlendert. In der Fischhalle stand das Blut schon zentimeterhoch. Die Fischer waren erfolgreich. Die Einkäufer der Hotels und Restaurants standen vor riesigen Thunfischen. Ein Auktionator schrie ständig Zahlen in Richtung der Einkäufer, wenn er ein Nicken sah, sauste ein riesiges, einer Machete ähnliches Messer auf den Thunfisch nieder und der abgetrennte Brocken wurde verpackt und in den Lieferwagen des Einkäufers geladen. Es war interessant, diesem Treiben zuzusehen, aber langsam fielen uns die Klüsen dicht. Wir haben unser Kleingeld zusammengekratzt und jedem von uns ein Glas Fischer-Spezialtee gekauft. Der wurde von den Fischern mit viel Zucker getrunken. Wir taten es ihnen gleich und waren binnen kürzester Zeit hellwach. Ein Teufelszeug war das.

Als wir um 07.00 h mit der Barkasse anlegten, stand der Alte oben an der Gangway. Freudig teilte er uns mit, dass er für 08.00 h eine Sightseeingtour gebucht hatte. »Käptn, mein Käptn«, hob ich an,

»wir haben schon die ganze Insel gesehen. Heute ist Sonntag, wir stellen unsere Sitzplätze im Bus zur Verfügung.« »Iiiihhhrr faahhrrttt miiiit«, schrie es von oben herab, »um viertel vor acht steht ihr geduscht hier an der Gangway.« Dieser vom Alten vorgetragenen Bitte konnten wir uns nicht entziehen. Die Busfahrt von einer Kirche zur nächsten, von einem alten Gemäuer zur nächsten Gedenkstätte, nutzten wir zum kurzen Schließen der Augen. An welcher Haltestelle es war, weiß ich nicht mehr. Wir stellten fest, dass ein eben noch besetzter Platz im Bus leer war. Bodo war verschwunden, quasi achteraus gesegelt. Wir konnten nichts tun. Der Mann war Österreicher, volljährig und geimpft. Was sollte schon passieren? Zurück an Bord, fiel Bodos Abwesenheit sofort auf, zumal seine 20.00 h–24.00 h Ankerwache bevorstand. Wiedermal war es Günni, der einsprang und die Wache des Dritten ging. Zeitgleich machten sich der Alte und der Chief auf den Weg, um Bodo irgendwo einzufangen, was ihnen auch tatsächlich gelungen ist. Sie brachten ihn kurz vor 22.00 h zurück. Bodo war hackedicht, als er vom Alten und dem Chief entdeckt worden war. Mangels Devisen hatte er in einer Kneipe allerlei Künststückchen vorgeführt, Lieder gesungen, die keiner verstand, die aber immer wieder zu einem Freigetränk geführt hatten. Durch die Menschentraube, die sich vor Bodos »Bühne« entwickelt hatte, war der Alte auf ihn aufmerksam geworden.

Doch auch diese Liegezeit ging zu Ende. Wir bekamen einen Pierplatz, der Lade- und Löschbetrieb funktionierte wieder und das Auslaufen stand bevor. Der Chief vermisste 10 von seinen Jungs. Maschinenassis, E-Assi, Storekeeper waren nicht an Bord. Die Sternenfels war seeklar, in fünf Stunden sollte der Lotse an Bord kommen. Vom Alten bekam ich ein Bündel amerikanische Dollars in die Hand gedrückt, nahm mir Reini zur Seite und stieg in ein an der Pier bereitstehendes Taxi. Zunächst haben wir die Krankenhäuser abgeklappert. Dann die Hotels, von denen wir dachten, dass unsere Jungs sie sich leisten könnten. Alles Fehlanzeigen. Jetzt konnte uns nur noch die Bullerei helfen und tatsächlich, ein sehr netter Polizist bat den Taxifahrer, uns zum örtlichen Gefängnis zu fahren, dort würden wir unsere Kameraden sicher finden. Volltreffer! Nun war ich auf alles vorbereitet. Schlägerei, Unruhestiftung, Sachbeschädigung. Hoffentlich würden meine Dollars reichen. Wir kamen in einen Knast, der mich an den Film »Der Graf von Monte Christo« erinnerte. Aber oh Wunder, unsere Jungs lagen auf Stroh gebettet in einer in den Felsen gehauenen Gemeinschaftszelle, bei offener Tür und dem Genuss von Kaffee, Weißbrot und Käse. Sie hatten tatsächlich nichts angestellt, hatten bloß mangels Kleingeld im Knast eine Schlafstätte gefunden. Mit einer großzügigen Spende habe ich mich bei der Wachmannschaft bedankt, mehrere Droschken geordert und alle Mann unversehrt an Bord gebracht.

Unser nächster Bestimmungshafen war Livorno. Wir hatten gegerbte Felle und Leder für die Pelz- und Schuhproduktion an Bord. Schweröl und Diesel hatten wir bereits im Persischen Golf gebunkert. Ein kurzer Aufenthalt zum Löschen und zum Bunkern von Frischwasser. Danach Marseille und über den Teich nach St. John/Kanada.

Vom Ausgang des Suezkanals, hatte der Alte einen Kurs durch die Straße von Messina abgesteckt. Es ging also zwischen Sizilien und dem italienischen Stiefel Richtung NW hindurch. Auf meiner letzten Wache hatte ich schon mal den Seeweg gekoppelt, festgestellt, dass die Passage auf meiner 00.00–04.00 h Wache stattfinden würde, und mich entsprechend vorbereitet. Die Seekarte, das Leuchtfeuerverzeichnis und das Handbuch studiert. Wir liefen mit 21 Knoten, Wind und Strömung waren zu vernachlässigen und es passte. Als ich den Dritten abgelöst hatte, konnte ich schon die Lichter an Backbord von Sizilien und an Steuerbord vom italienischen Festland mit dem Fernglas ausmachen. Wir hatten gute Sicht, gleichwohl ließ ich eines der beiden Radargeräte laufen. Als wir uns der Straße von Messina näherten, warf ich einen ersten Blick in das Radargerät. Was war das? 40–50 Echos direkt auf der Kurslinie im Abstand von sechs Seemeilen. Wieder in die Nock, zum Fernglas gegriffen, nichts zu sehen. Jetzt nochmal alle Einstellungen am Radar überprüft, alles okay. Das zweite Radargerät eingeschaltet, das gleiche Bild. Was, verflucht, waren das für Echos? Die See war glatt und ruhig, klare Sicht in alle Richtungen, aber nichts zu sehen. Noch drei Meilen, mir wurde die Sache zu heiß, ich ging an den Maschinentelegraf und ging von Voll Voraus auf halbe Kraft. Wenn man Tag und Nacht das Maschinengeräusch im Ohr hat, nimmt man es faktisch nicht mehr wahr. Ändert sich das Geräusch oder fällt es gar ganz weg, so reagiert man sofort und wacht auch aus dem Tiefschlaf auf. So ging es auch dem Chief und dem Alten. Der Chief rief mich sofort auf der Brücke an, ob alles okay sei, was ich bestätigte. Der Alte erschien 10 Minuten später auf der Brücke. Nun standen wir beide mit Ferngläsern in der Nock. Der Alte an Steuerbord, ich an Backbord. Als wir uns den Radarechos auf eine halbe Meile genähert hatten, griff ich zum Hebel des Typhons. Einen langen Ton, alle drei Sekunden. Jetzt kam auf einmal Leben in das Wasser vor uns. Plötzlich waren jede Menge Lichter zu sehen wo, noch eben völlige Dunkelheit herrschte. Das ganze Fahrwasser war voll von kleinen Fischer- und Angelbooten. Die hatten Netze und Angelleinen ausgeworfen und sich knacken gelegt. Mit allem was leuchtet haben sie sich bemerkbar gemacht, selbst älteste Petroleumfunzeln wurden in Gang gesetzt und Motoren gestartet. Der Maschinentelegraf lag auf Langsam Voraus, doch genügte das bei den kleinen Fischerbooten, noch »Schlechtwetter« zu erzeugen. Sie tanzten recht flott auf unserer Heckwelle, ihr lautes Fluchen war bis in die Nock zu hören, und sie streckten uns ihre drohenden Fäuste entgegen.

Mag sein, dass die Fischer um diese Uhrzeit nicht mehr mit Fährschiffen zu rechnen hatten, gleichwohl war es strengstens untersagt, im Fahrwasser zu fischen. Wir hatten ihnen wohl einen heilsamen Schrecken eingejagt und hoffentlich auch eine Lehre erteilt.

Auch in Livorno mussten wir zunächst ankern, bis wir einen Pierplatz zugewiesen bekamen.

Auf meiner Wache war es ruhig. Die Decksbeleuchtung war eingeschaltet, der ganze Dampfer war hell erleuchtet. Wir waren im Umkreis von zwei Meilen alleine auf der Reede. Gegen 01.00 Uhr vernahm ich ein metallisches Geräusch aus Richtung der Back. Dies konnte mehrere Ursachen haben. Der Anker ging über felsigen Grund oder es kam durch Strömung oder vorbeifahrende Schiffe Zug auf die Kette, die bei nicht fest angezogener Backenbremse Lose gab. Hier setzte keine Strömung, noch passierte unseren Ankerplatz ein weiteres Schiff. Um der Sache auf den Grund zu gehen, machte ich mich auf den Weg zur Back. In meiner Freizeit und auf Ankerwache trug ich stets meine Holzpantinen. Auf dem eisernen Deck machten sie in der Stille der Nacht bei jedem Schritt ein lautes Geräusch. Von den Aufbauten bis zur Achterkante der Back waren rund 120 Meter zurückzulegen. Auf der Back angekommen, legte ich zunächst die Hand auf die Kette. Geht der Anker über Grund, so kann man die

Vibration an der Kette spüren. Da war aber nichts zu spüren. Nun drehte ich mit aller Kraft an der Backenbremse, doch die hatte der Zimmermann, der bei Ankermanövern am Spill stand, bombenfest gezogen. Zurück auf der Brücke, machte ich eine Tagebucheintragung über das von mir Veranlasste. Um drei Uhr ging ich erneut auf die Back, wieder hatte mich ein Geräusch aufschrecken lassen. Nun markierte ich die Kette zusätzlich mit einem Bändsel. Das Bändsel setzte ich direkt vor die Klüse im Backdeck. Sollte jetzt tatsächlich Kette ausrauschen, würde das Bändsel in der Klüse verschwinden.

Um zehn Minuten vor vier löste mich der Erste ab. Ich übergab ihm die Wache mit Ankerpeilung, wies ihn auf meine Tagebucheintragung hin und habe um vier Uhr die Brücke verlassen.

Als ich um 11.20 h die Offiziersmesse betrat, um mein Mittagessen einzunehmen, herrschte bereits große Aufregung an Bord. Ein Polizeiboot lag längsseits. Auf der Back großes Gewusel. Männer in weißen Schutzanzügen, alle mit Alukoffern ausgestattet. Scheiße, jetzt wie nichts nach oben. Auf der Brücke empfingen mich der Alte, der Erste und der Dritte. Der Dritte sah unter sich, als würde er mich nicht kennen, der Erste fing sofort ein lautes Palaver und Geschimpfe an. »Das sei ja wohl unmöglich, dass ich nicht bemerkt hätte, dass man uns die in den Süßöltanks auf der Back geladenen Felle und das Leder geklaut hätte!« Er unterstellte mir sogar, dass ich auf meiner Wache gepennt hätte. Beobachtete mit breiter Brust aus den Augenwinkeln immer wieder, ob er beim Alten Zustimmung für sein Gepolter bekommen würde. Ich habe fast gekotzt vor Zorn. Noch ehe ich zurückbrüllen konnte, bat der Alte um sofortige Ruhe. Er blickte auf meine Holzpantinen und sagte: »Herr Günther, Ihre Klocks haben ihnen heute Nacht wohl das Leben gerettet!« Nun war Ruhe, man hätte eine Stecknadel fallen hören können.

Der Zimmermann hatte um sechs Uhr die geknackten Schlösser an den beiden Lukendeckeln der Süßöltanks entdeckt. Sie waren mit einem Bolzenschneider geöffnet und so wieder eingehängt worden, was man nur bei Tageslicht erkennen konnte, weil sie im Schatten des Lukensülls hingen. Er hatte sofort auf der Brücke Alarm geschlagen und die Dinge nahmen ihren Lauf.

Der Alte berichtete nun von seinem Gespräch mit dem Leitenden Polizisten. Es handelte sich um keinen einfachen Diebstahl, sondern um minuziös geplantes, organisierte Verbrechen. Es stellte sich heraus, dass unser Ankern unnötig war, es war manipuliert worden, wir hätten einlaufen können. Die Diebe wussten genau, wo die Ladung gestaut war und kannten sich bei uns an Bord aus. Sie konnten sich mit einem Elektroboot geräuschlos der Sternenfels nähern. Da wir im Ballast fuhren und zudem im Gat lagen, ragte unser Bug weit heraus. Das Boot konnte sich problemlos im Schatten des Backdecks verbergen. Von der Brücke aus gab es keine freie Sicht auf die beiden Luken. Sie waren von den Masten des Schwergutgeschirrs verdeckt. Der Polizist beglückwünschte den Kapitän zu seinem zweiten Offizier, der von nun an zweimal im Jahr Geburtstag feiern könne. Er war sich sicher, dass mir für den Fall, dass ich mich geräuschlos und unbemerkt der Back genähert hätte, ein Messer genauso geräuschlos ein Ende gesetzt hätte. So, wie auch die gesamte Aktion verlaufen ist.

Über die weiteren polizeilichen Ermittlungen, wer von der Meldestelle uns zum Ankern aufgefordert hatte und ob und was die Lotsen davon wussten, haben wir nie etwas erfahren.

Die neue Order lautete nun, dass wir noch zusätzlich Ladung aus Neapel, Genua und Barcelona mitnehmen sollten. Da ich seit mehr als sechs Monaten an Bord war, bot mir der Alte an, von Genua aus für die Dauer von circa einer Woche nach Hause zu fliegen und in Barcelona wieder an Bord zu kommen. Damit war ich mehr als einverstanden, und verlebte einige schöne Tage in der Heimat.

Der »neue« Alte

In Barcelona ging ich wieder an Bord und habe schon an der Gangway erfahren, dass der Alte seinen Jahresurlaub angetreten hatte. Es gab auf der Sternenfels zwei Kapitäne, die sich wechselseitig ablösten. Der Name war mir bekannt. Es war »Erny«, wie er von Reini »getauft« wurde. Erny war Kapitän der Kybfels, in meiner Zeit als Decksjunge. Ich freute mich auf dies Wiedersehen, brachte mein Gepäck in meine Kammer und hastete sofort zur Kammer des Alten, um mich an Bord zu melden. Die Tür stand offen, ich klopfte an und wollte eintreten, als ich unwirsch angefaucht wurde. »Sehen Sie nicht, dass ich gerade Kaffee trinke?« Was war das denn? Damit hatte ich nicht gerechnet. Ich sollte warten, bis er mich hineinrief.

Man muss wissen, Erny war ein Kapitän von geringer Körpergröße, der vor seiner Seefahrtzeit den Beruf des Steuerfachangestellten erlernt hatte und, ich übertreibe jetzt, noch am Schlafanzug vier goldene Streifen trug. Ich hingegen trug bei der Begrüßung Jeans und T-Shirt.

Nachdem Ernys Kaffee getrunken war, bat er mich herein. Ich meldete mich an Bord und teilte ihm mit, dass ich sein Zweiter Offizier sei. Eine längere Pause entstand, er schien mich regelrecht zu durchleuchten, bevor er begann, wieder mit mir zu sprechen. »Wissen Sie was, ich dachte Sie wären einer von meinen 20 Kadetten.« Ich teilte ihm mit, dass ich gerade an Bord gekommen sei und es nicht abwarten konnte, ihn zu begrüßen. Er verstand nicht. Nun begann ich von meiner Zeit auf der Kybfels zu erzählen und berichtete von dem Eklat mit der Remouladensoße und dem aufgebrachten Kochverwalter. Seine Gesichtszüge hellten sich auf, er erinnerte sich und musste lachen. Nun erhielt ich die von mir erwartete herzliche Begrüßung, aber nicht ohne den Hinweis auf die an Bord geltende Kleiderordnung. Als Offizier auf einem Ausbildungsschiff gezieme es sich nicht, wie ein Kadett herumzulaufen.

Weitere sechs Monate fuhr ich auf der Sternenfels unter Ernys Kommando und ich muss sagen, es war eine schöne Zeit. Erny hatte wie jeder Mensch seine Macken, aber wenn man ihn so zu nehmen wusste wie er war, waren diese Macken mühelos zu ertragen.

Reini hatte es inzwischen geschafft, sich mit seinem Anliegen, mit mir Wache gehen zu dürfen, beim Ersten und beim Alten durchgesetzt. Sein Wunsch, vor seinem Studium noch so viel wie möglich zu lernen und die Tatsache, freiwillig die ungeliebte Nullvierwache zu gehen, beeindruckten den Ersten und den Alten. Tatsache war aber auch, dass der Erste, mit dem Reini bisher die Vierachtwache gegangen war, seine Ruhe haben und nicht ständig Reinis Fragen ausgesetzt sein wollte. Viel Spaß hatten wir beide, wenn Erny vor seiner Viertelstunde Mittagsruhe (von eins bis vier) auf die Brücke kam. Sobald Erny die Brücke betrat, begann Reini mit mir nur noch im Flüsterton zu reden. Manchmal trat er auch an mich heran und tat nur so als sage er mir was. Dies führte regelmäßig bei Erny zu einem kurz gezischten »Wasss?« Dies wiederum beantwortete Reini regelmäßig mit: »Ach nichts, Herr Kaptän!« Reini konnte dieses Spielchen so oft wiederholen wie er wollte, es funktionierte immer wieder. Wenn ich mit Reini am Kartentisch stand, ließ Erny es nicht bei seinem »Wasss?« bewenden. Er schob sich einfach zwischen uns, womit weiteres Flüstern unmöglich wurde, dann hatte Erny gewonnen.

Wir waren mitten im Atlantik. Meine Ladepapiere waren fertig, ich war stressfrei. Es machte mir Spaß, Reini in die Geheimnisse der Seemannschaft und Navigation einzuweihen. Oft hatte Günni mir auch ein oder zwei seiner Offiziersbewerber auf Seewache zugeteilt, ich hatte Freude daran, mein Wissen weiterzugeben. Einen besonders intellektuell wirkenden Kameraden, der von sich meinte, dass die Zeit, die er an Bord verbringe, eigentlich verlorene Zeit sei, weil er sich dieses Wissen auch aus Büchern hätte aneignen können, stellten Reini und ich auf eine harte Probe. Wir schickten ihn in die Maschine zum Storekeeper. Dort sollte er den Kompassschlüssel holen und auf die Brücke bringen, um bei einem Ausfall der Elektrik die weitere Funktion des Magnetkompasses zu gewährleisten. Da wir uns auf einem Ausbildungsschiff befanden, waren die Jungs in der Maschine gut vorbereitet. Natürlich habe man den Schlüssel in Verwahrung, selbstverständlich könne er gegen Unterschrift den Schlüssel ausgehändigt bekommen. Nun schleppte der verkappte Einstein eine ca. 30 kg schwere Kiste, in der sich eine Spannschraube befand, auf die Brücke. Im Anschluss erklärte Reini ihm sehr ausführlich, dass zum Führen eines Schiffes mehr gehört als Texte aus Büchern auswendig zu lernen. Wenn er das nicht begreifen wolle, werde man ihn demnächst noch damit beauftragen, Gewichte für die Wasserwaage des Zimmermanns heranzuschleppen.

Ob Erny mir diese stressfreie Zeit auf dem Törn über den Atlantik angemerkt hat, ob es eine Retourkutsche für die Flüsterei mit Reini werden sollte, ich weiß es nicht. Irgendwann stand er mittags neben mir und sagte: »Das Schiff ist weich!« »Aber nein, Herr Kaptän, beileibe nicht!« entgegnete ich.

Die Stabilität eines Schiffes bezeichnet das Wiederaufrichtungsvermögen eines Schiffes, nachdem es durch Wind und Seegang auf die Seite gedrückt wurde. Je weiter der Gewichtsschwerpunkt unter dem Formschwerpunkt liegt, desto steifer ist es, desto größer ist das Wiederaufrichtungsvermögen. Je mehr sich der Gewichtsschwerpunkt dem Formschwerpunkt nähert, desto weicher ist ein Schiff. Die Rollperiode wird länger. Liegt der Gewichtsschwerpunkt auf dem Formschwerpunkt, hat das Schiff kein Aufrichtungsvermögen mehr, steigt der Gewichtsschwerpunkt über den Formschwerpunkt, kentert das Schiff.

Erny bestand darauf, dass das Schiff weich sei und beendete die Diskussion mit den Worten: »Wir sollten mal eine Trimm- und Stabilitätsberechnung machen!«

Hierzu muss die geneigte Leserin, der geneigte Leser wissen:

Wenn der Alte »wir« sagt, meint er natürlich nicht wir. Einzige Ausnahme: Wir hatten eine Grundberührung. Aber: Ich bin in sechs Tagen über den Atlantik gefahren.

Trimm und Stabilität werden heute am PC berechnet. Schon während eines Lade- oder Löschvorgangs bekommt man Ergebnisse ausgewiesen. Tabellen, Krängungskurven, Kenterpunkt, usw., usw.

Anders lief das während meiner Dienstzeit an Bord. Für mich begannen drei Tage Rechnerei »zu Fuß«. Für jede Luke, jeden Unterraum, jedes Zwischendeck. Für die Deckslast. Für jeden Tank, ob Treibstoff, Frischwasser oder Ballastwasser, brauchte ich die Tonnage, Schwerpunkthöhe über Kiel, Volumen usw.

Diese Arbeit war meines Erachtens entbehrlich, denn wir hatten aus Rotterdam jede Menge Stahl in den Unterräumen. Zudem konnte ich aus den an Bord befindlichen Werftunterlagen entnehmen, dass die von mir mit der Stoppuhr festgestellte Rollperiode einen Kenterpunkt ergab, der weit über 45 Grad lag. Es kam der Tag, als Erny meine schulmäßig erarbeiteten Unterlagen und die auf Din A3 Millimeterpapier gezeichnete Kurve prüfte. Das Schiff war nicht weich, es war nach bester Seemannschaft beladen und sicher. Stolz fuhr ich mit dem Zeigefinger auf der gezeichneten Kurve entlang und untermauerte mein Ergebnis mit den Worten: »Wie ich bereits vor drei Tagen gesagt hatte!« Erny lächelte: »Ich weiß, ich wollte Sie bloß mal testen!«, und verließ die Brücke. Reini und ich waren sprachlos und stellten ab sofort das Flüstern ein, wenn Erny auf der Brücke war.

Dafür, dass Reini und ich Ernys vollstes Vertrauen besaßen, gab es mehrere Beweise. So kam Erny zum Beispiel auf die Brücke, zog seine Socken aus und bat uns darum, seine Füße zu begutachten. Was wir da zu sehen bekamen, führte dazu, dass Reini die Brücke verließ, in die Nock rannte und zu würgen begann. Eine eitrige blutige Beule. Ich bat den Alten, möglichst schnell den Dritten zu Rate und zur Wundversorgung hinzuzuziehen. Er nahm diesen Rat dankend an und verließ uns wieder.

Ernys Englisch war durch einen starken deutschen Akzent geprägt. Gerne überließ er deshalb die Anmeldung beim Lotsen usw. über UKW dem wachhabenden Offizier. Doch nicht immer ließ sich es vermeiden und wir wurden zu unserer Erheiterung Zeuge von Ernys Englischkenntnissen. »Lost in translation«, nennt man das heute wohl.

Ansteuerung Houston/Texas. Erny auf der Brücke, ich habe den Lotsen auf dem Hauptdeck vom Lotsenboot abgeholt. Da kletterte ein übergewichtiger, riesiger Papagei schwitzend die Lotsenleiter hoch. Weißer Hut, lila Hemd, grüne Shorts, gelbe Schuhe und Socken. Auf dem umgehängten Walkytalky waren alle Knöpfe auf 10 gestellt und es kreischte unaufhörlich daraus. Er sprach in breitestem Texanisch. Mir schoss der Vergleich in den Kopf, dass sich so ein Ausländer fühlen müsse, der Deutsch gelernt hat und nun in Bayern, oder Sachsen nach dem Weg fragt. Der Lotse war doppelt so breit und groß wie Erny. Auf der Brücke angelangt, klopfte der Lotse Erny mit seiner Rechten auf die linke Schulter, sodass dieser sich fast wie ein Brummkreisel drehte, und begrüßte ihn mit den Worten: »Hi, Captain, how about a beer?« Erny sammelte sich und gab zur Antwort: »On dis britsch we drink no beer!« Hierauf begab sich der Lotse gekränkt zu unserem UKW und stellte auch dort alle Knöpfe auf zehn. Erny trat an mich heran: »Herr Günther, machen Sie das alleine, ich komme mit dem Kerl nicht klar. Wenn was ist, ich bin unten«, und verließ ohne Gruß die Brücke. Ein großer Vertrauensbeweis. Auf Revierfahrt war der Alte immer oben, egal, welcher Offizier gerade Wache hatte. Ich ließ noch ein paar Minuten verstreichen und orderte dann beim Verwalter telefonisch10 Flaschen Becks in neutraler Verpackung auf die Brücke. Die Stimmung des Lotsen hellte sich sofort auf, als ich ihm das Paket überreichte und ihn über den Inhalt informierte. »Many thanks, Mr. Mate. Let the little man know, that I appreciate that.« »I better won't do that«, antwortete ich ihm, was ein schallendes Gelächter bei ihm auslöste. Ich muss sagen, die Zeit bis zum »Klar, Vorn und Achtern«, war sehr kurzweilig mit dem Lotsen.

Das Kreuz mit den Griechen

Unter allen seefahrenden Nationen nahmen die Griechen schon immer eine besondere Stellung ein. Eine Seefahrernation mit Tradition, gleichwohl bei vielen Seeleuten unbeliebt. Gründe dafür gab es schon immer welche.

Eine Schiffsbesetzungsordnung, wie in den meisten europäischen Ländern üblich, stieß beim griechischen Staat, bei seinen Reedern und bei seinen Seeleuten stets auf wenig Interesse. Schiffsbesetzungsordnung für seegehende Schiffe hieß in Deutschland:

Kapitän, mindestens zwei Steuerleute, mindestens Leitender und zweiter Ingenieur, Funkoffizier (der Beruf ist ausgestorben) und natürlich Mannschaften.

Der Kapitän ist aus der Historie heraus kein Besatzungsmitglied und auch nicht in die Musterrolle eingetragen, sondern Reedereivertreter. Das ist international so geregelt. Als solcher bekam der griechische Kapitän in der Vergangenheit vom Reeder ein Budget zur Verfügung gestellt, um eine Mannschaft anzumustern. Nahm er sich einen Bootsmann mit langjähriger Berufserfahrung an Stelle eines 1. Offiziers, so wanderte die ersparte Heuer in seine eigene Tasche. An Stelle des Zweiten Offiziers einen Matrosen mit Angelschein, an Stelle des 1. Ingenieurs einen Maschinisten mit Mopedführerschein, usw., usw. Auf diese Weise kam ein ordentliches Sümmchen zusammen, das er sich unversteuert einsackte.

Lief ein Grieche einen europäischen oder auch Häfen in den USA oder Kanada an, so musste er seine Mannschaft für die Zeit des Aufenthaltes dort aufstocken. Meist kamen diese Leute mit dem Lotsen an Bord und verließen das Schiff bei der Ausreise auch wieder mit dem Lotsen. Diese Tatsache führte zu nachfolgenden Erlebnissen.

Wir befuhren den englischen Kanal. Hier gibt es ein Verkehrstrennungsgebiet. In der Seekarte sind Sektoren eingezeichnet, die dem Bild einer Autobahn ähneln. Es wird rechts gefahren, es gibt einen Mittelstreifen, es wird links überholt. Auch das Verkehrsaufkommen ähnelt dem einer deutschen Autobahn zur Hauptverkehrszeit im Ruhrgebiet, allerdings 24 Stunden am Tag. Erschwert wird die Durchfahrt noch von Fähren, die zwischen Belgien, Frankreich und England das Fahrwasser kreuzen. Die Durchfahrt erfordert besonders nachts höchste Aufmerksamkeit und Umsicht. Bei schlechter Sicht befinden sich meist zwei Offiziere auf der Brücke, von denen einer nur am Radar steht. An Bord ist das UKW-Sprechfunkgerät immer auf Kanal 16 geschaltet. Kanal 16 ist die internationale Anruf- und Notruffrequenz. Wir konnten zunächst nicht glauben, was wir da hörten. Nun bin ich des Griechischen nicht mächtig und kann nur wiedergeben was da an meine Ohren drang: »Ella, ella ethimos, dis is greek ship soundso, what is my position?« Da fuhr einer durch dieses Getümmel und wusste nicht, wo er war! Die britische Küstenwache wurde auf diesen Anruf aufmerksam, peilte den Dampfer ein und gab ihm seine Position an.

Auf der Schelde hatte ich Gelegenheit zu einem Klönschnack mit dem Lotsen, der uns nach Antwerpen brachte. Er erzählte mir von der Begegnung mit einem Griechen. Als der Seelotse die Brücke betrat, teilte er dem Kapitän mit, dass sich das ETA (geschätzte Ankunftszeit) etwas verzögere, da es mit einer Schleuse Probleme gebe. Erstaunt fragte der Kapitän nach, seit wann es hier denn Schleusen gäbe. Der Lotse konnte keine genaue Jahreszahl benennen, war sich aber sicher, dass dies bereits seit dem 16./17. Jahrhundert der Fall sei. Das könne nicht sein, entgegnete der Kapitän. Er sei schließlich letztes Jahr auch hier gewesen, da habe es noch keine Schleusen gegeben. Im weiteren Gesprächsverlauf stellte sich heraus, dass der Kapitän nach Amsterdam wollte, worauf der Lotse fluchtartig das Schiff verließ.

Nachmittags, mitten im Atlantik. Mäßig bewegte See, gute Sicht. Für die, die das noch nicht erleben durften, eine riesige Wasserfläche. Die Wahrscheinlichkeit, einem anderen Schiff hier zu begegnen, ist durchaus als gering zu bezeichnen. Selbst wenn mehrere Schiffe ab Gibraltar oder Ausgang Englischer Kanal mit Ziel New York die gleichen Großkreiskurse berechnen. Durch Versetzung von Strom und

Wind, unterschiedlicher Schiffsgrößen und Geschwindigkeiten, ist man meist alleine auf dem Atlantik. Nicht so an diesem Nachmittag. Ein sich mir näherndes Schiff war auf Kollisionskurs. Stehende Peilung, sich verminderter Abstand, lautet die seemännische Definition für diese Verkehrssituation. Auf der hohen See gilt analog zum Straßenverkehr die Regel »Rechts vor Links«. Als erstes rief ich mehrfach das gegnerische Schiff auf Kanal 16 an. Keine Antwort. Die Situation war noch nicht als gefährlich zu bezeichnen, trotzdem änderte ich unseren Kurs, sodass wir fast parallel mit geringer Annäherung liefen und keine unmittelbare Kollisionsgefahr bestand. Jetzt konnte ich den Schiffsnamen erkennen, ein Grieche aus Piräus. Nun betätigte ich das Typhon, wieder nichts. Ich wurde langsam ärgerlich, holte die abgelaufene Munition der Signalpistole und schoss zwei rote Raketen an den Aufbauten des Griechen vorbei. Als erstes erschien ein bellender, aufgeschreckter Hund in der Nock. Dann konnte ich Bewegung auf dem Hauptdeck erkennen. Ein Mann schleppte sich auf die Brücke, verminderte die Geschwindigkeit, legte Ruder und passierte unsere Kurslinie achteraus von uns.

Anglerlatein und Seemannsgarn

Der wesentlichste Unterschied zwischen Anglerlatein und Seemannsgarn besteht darin, dass im Anglerlatein alles erstunken und erlogen ist, während im Seemannsgarn ein sehr hoher Wahrheitsgehalt besteht. In Zeiten, in denen die Unterhaltungselektronik noch nicht auf dem Vormarsch war, saßen Seeleute in Kammern, der Messe oder beim Smoketime zusammen und erzählten sich Geschichten. Diese Geschichten waren aus feinstem Garn gesponnen und wurden auch von Schiff zu Schiff und von Schiffen an Land weitergetragen. Dabei wurden ursprüngliche Tatsachen der Spannung halber blumig ausgeschmückt, der Kern der Geschichte wurde aber immer beibehalten.

Nachfolgende Texte mag die geneigte Leserin, der geneigte Leser zur Überprüfung meiner These verwenden.

Angler A: »Ich habe gestern einen 3,20 Meter langen Hecht geangelt!«
Angler B: »Ich hatte gestern ein rostiges Fahrrad am Haken, da brannte sogar noch das Licht!«
Angler A: »Okay, wenn du das Licht an deinem Fahrrad ausmachst, dann mache ich meinen Hecht zwei Meter kürzer.«

Auf der M. S. Bärenfels, einem Neubau der Hansa-Flotte, kamen wir aus Indien. Das Schiff war neben der standardmäßigen Navigationselektronik Decca und Loran, als eines der ersten Schiffe mit einem Sattelitenempfänger ausgerüstet. Nun hatte dieses Gerät überhaupt nichts mit den heute verwendeten »Navis« zu tun. Alles, was heute in eine halbe Streichholzschachtel passt, hatte an Bord die Ausmaße einer 200 Liter Kühltruhe. Elektronische Seekarten gab es auch noch nicht, einzig die Angabe von Länge und Breite, auf der man sich gerade befand, wurde auf einem in Schwarz und Weiß flimmernden Monitor angezeigt. Lange noch trauten die Kapitäne diesem technischen Fortschritt nicht, nahmen ihn allenfalls als Kontrolle zu dem vom Dritten errechneten Mittagsbesteck, bzw. zu den vom Ersten kurz vor Sonnenaufgang geschossenen Sternen. Beim Mittagsbesteck handelt es sich um die ungenaueste Art der astronomischen Navigation. Der Dritte schießt im Abstand von ca. zwei Stunden drei Sonnen. Das heißt, er misst mit dem Sextanten den Höhenwinkel zwischen der Sonne und dem Horizont. Mithilfe des an Bord befindlichen Chronometers, der immer die Greenwich Mean Time auf dem Nullmeridian anzeigt, errechnet er drei sogenannte Standlinien. Da sich das Schiff aber zwischen der ersten und der zweiten sowie zwischen der zweiten und dritten Beobachtung weiterbewegt, werden die Standlinien entsprechend des Schiffskurses und der mit der Logge gemessenen Geschwindigkeit versegelt. Dies geschieht ohne Berücksichtigung der Abdrift durch Wind und / oder Strom, was zu der erwähnten Ungenauigkeit der ermittelten Position führt. Diese Tradition blieb an Bord lange erhalten, denn daraus wurde wiederum das Etmal errechnet. Die Wegstrecke, die das Schiff in 24 Stunden zurückgelegt hat. Anders sieht es bei der Beobachtung von Sternen aus. Sobald die Kimm, der Horizont, zu sehen ist, schießt der Erste meist vier oder fünf Sterne, die er vorher ausgesucht und bestimmt hat, in

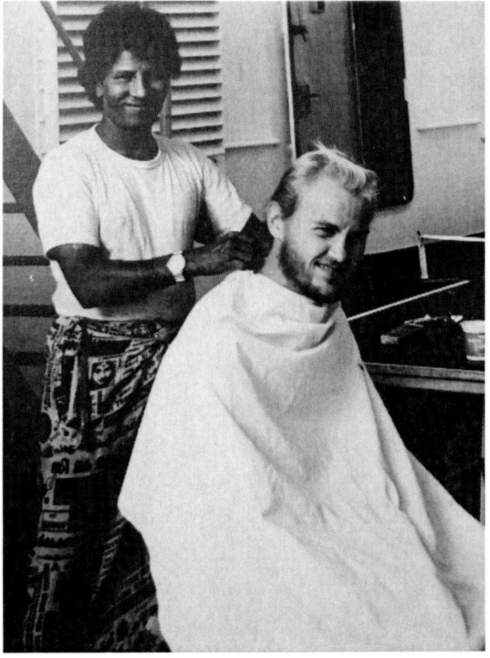

unmittelbarer Folge. Immer wenn seine Höhenmessung beendet ist, schreit er aus der Nock: »Achtung,- Null«, bei »Null« wird am Chronometer von einem zweiten Mann die sekundengenaue Zeit abgelesen. Da dieser Vorgang in so rascher Folge erfolgt, müssen die berechneten Standlinien nicht versegelt werden und treffen sich auf der Seekarte in einem Punkt, der dann als »wahrer Ort« in der Seekarte und im Logbuch festgehalten wird.

Die Reise aus Indien, die meist mit leerem, im Ballast fahrendem Schiff erfolgte, denn aus Indien gab es dazumal noch nicht die Masse an Exportgütern, wurde mit einem Stopp in Madagaskar unterbrochen. Reederei und Kapitän waren dankbar dafür, dass hier weitere Ladung für uns bereitstand, zumal auch drei Hafentage angesetzt waren.Teile der Mannschaft wollten dies gerne zum Landgang auf diese exotischen Insel nutzen. Wir verließen Madagaskar Richtung Rotes Meer und Suezkanal. Luke Eins war voll mit Moskitofellen, die Luken Drei und Fünf randvoll mit losem Senf. Aufwändig waren in den Luken noch Trennwände gezimmert worden, damit der Senf im Seegang nicht allzu sehr in Bewegung kam. Als wir Auslaufen Kanal in das Mittelmeer fuhren, erwartete uns schlechtes Wetter. Der Mistral bließ seit einer Woche und hatte kurze, ca. sechs Meter hohe Wellen aufgebaut. Die Bärenfels knallte von einer Welle in die nächste. Unsere Ladung hatte viel Volumen, aber wenig Tonnage. Jede Welle, die uns vor den Bug klatschte, erschütterte das Schiff, das mit fast zehn Meter Freibord wie eine Nussschale in Wind und Wellen tanzte. Schlimmeres war mir selbst im Nordatlantik, wo ja bekanntlich das Wetter gemacht wird, nicht widerfahren. Als ich meine nächste Wache antrat, sah es auf der Brücke aus, als sei eine Handgranate explodiert. Alle über dem Kartentisch aufgehängte Navigationsgeräte lagen zertrümmert im Ruderhaus verteilt herum, der Monitor des Navigationsgerätes war implodiert. Der Kreiselkompass kreiselte zwar noch, war aber nicht mehr nach Norden ausgerichtet. Der Elektriker teilte uns mit, dass der Mutterkompass nicht mehr in seinem Fundament stand. Auch im Kompassraum war alles zu Bruch gegangen. Nun fuhren wir bis zum ersten Mittelmeerhafen wie Kolumbus zur See. Terrestrische Navigation war gefragt. Kreuzpeilung vom Peildeck aus mit dem Magnetkompass, dem dieses Wetter nichts anhaben konnte. Ein ganzer Schwarm von Technikern kam an Bord, als wir sicher angelegt hatten. Sie blieben bis zum letzten Mittelmeerhafen an Bord, bis alles wieder repariert und funktionsfähig war.

Karriereplan

Nachdem ich vom zweiten Weihnachtsfeiertag bis zum November des Folgejahres mit nur einer Woche Unterbrechung als Kurzurlaub gefahren bin, konnte ich mich auf einen längeren Urlaub freuen. Zuvor sollte ich jedoch nach Bremen in die Personalabteilung See kommen. In der Personalabteilung–See arbeitete inzwischen ein mir vom Schulschiff Deutschland bereits bekannter Ausbildungsoffizier. Während seiner Semesterferien im Studium zum A6 an der Hochschule für Nautik in Bremen, hatte er dort gearbeitet. Ohne mein Wissen war er schon damals auf mich aufmerksam geworden und hatte meinen weiteren Berufsweg von See und später von Land aus verfolgt. Die von den Kapitänen ausgestellten Zeugnisse und seine Fürsprache sahen vor, dass ich nach meinem etwa fünf Monate dauernden Urlaub sechs Monate als 1. Offizier auf einem Bohrinselversorger fahren und danach als Kapitän auf einem Frachter eingesetzt werden sollte. Doch nun überschlugen sich die Ereignisse, die letztlich dazu führten, dass das Unternehmen D. D. G. Hansa in die Pleite fuhr. Der 100. Geburtstag im Jahre 1980 wurde nicht mehr gefeiert. Mehrere Faktoren hatten zum Untergang dieser traditionsreichen Reederei geführt. Das Schwergutgeschirr, für das die Reederei ein Patent hatte und das für uns ein Alleinstellungsmerkmal war, durfte fortan von Mitbewerbern nachgebaut werden, weil das Patent von der Reederei nicht verlängert worden war. Da in dem Fahrtgebiet, in dem die DDG Hansa im Liniendienst fuhr, die Schiffe auf der Rückreise meist im Ballast fuhren, war nichts zu verdienen. Frachtraten wurden in amerikanischen Dollar vertraglich vereinbart. Der Kurs stand bei einem US Dollar zu 4,80 DM. Während der Dollarkrise Ende der 1970er Jahre waren es nur noch 2,30 DM. Das hielt die beste Kalkulation und Bilanz nicht aus. Der Einstieg in das Containergeschäft wurde zu halbherzig getätigt, man glaubte nicht daran, dass sich diese Art des Warentransportes durchsetzen würde. Auch die Fusion mit einer maroden französischen und einer italienischen Reederei konnte den Niedergang nicht verhindern. Die Schiffe der Ostdeutschen Staatsreederei, deren Schiffe genauso gepflegt waren wie die unseren, und deren Besatzung eine identische Ausbildung hatten wie wir in Westdeutschland, drangen immer mehr in unser Fahrtgebiet ein und taten dies für die Hälfte der Frachtraten. Es spielten sich nunmehr zahlreiche Tragödien ab. Schiffe wurden im Ausland an die Kette gelegt, weil der Schiffshändler nicht mehr bezahlt werden konnte. Kapitäne sind nachts ohne Beleuchtung, ohne Lotsen ausgelaufen, um ihre Besatzungen nachhause bringen zu können. Andere Kapitäne haben auf eigene Rechnung Ladung verkauft, um so ihren Besatzungen den Heimflug zu bezahlen. Es war grauenvoll.

Zu oft hatte ich erlebt, dass Ehefrauen ihren Männern an Bord Super8-Filme geschickt haben. So ein Film hatte meist die Länge von nur ca. acht Minuten. Diese Filme wurden dann in der Messe, quasi als Vorfilm zum Hauptfilm, vorgeführt. Man sah ein kleines Mädchen oder einen kleinen Jungen, die im Garten oder auf einem Spielplatz fröhlich unterwegs waren, herumtollten und ihrer Mutter lachend in die Arme liefen. Männer, die mit viel Glück ihr Kind das letzte Mal bei der Geburt gesehen hatten, Kerle wie Bäume, haben dabei Rotz und Wasser geheult. Da das Jahr der Hansapleite mit dem Jahr der Geburt unserer Tochter Antje zusammenfiel und wir uns ein zweites Kind wünschten, dieser Wunsch ging auch zwei Jahre später mit der Geburt unseres Sohnes Steffen in Erfüllung, nahm ich das als Zeichen und hängte meine Seefahrt, wenn auch schweren Herzens, an den Nagel.

Seefahrt zum Abgewöhnen

Eine große Hilfe in der Zeit danach war mir Reini. Inzwischen als See- und Kanallotse auf dem NOK tätig, ermöglichte er es mir immer wieder mal, ihn für eine Woche an Bord zu begleiten. Es war schön, wieder an Bord gehen zu dürfen, ein Schiff unter den Füßen zu haben. Doch hatte das, was ich dort erlebte, nichts mehr mit »meiner« Seefahrt zu tun. Schiffe, die ich noch mit 30–40 Mann Besatzung fuhr, sind heutzutage mit 14 Mann unterwegs. Selbst wenn das Schiff unter deutscher Flagge fährt, ist meist der Kapitän die einzige Person an Bord, mit der man Deutsch reden kann. Oft kam es mir vor, als habe ich es nicht mehr mit Seeleuten, sondern nur noch mit Überseetransportbegleitern zu tun. Die Anfänge der Containerschifffahrt habe ich selbst noch mitgemacht. Wir hatten einen Fahrplan wie die Bundesbahn. In 28 Tagen Genua, Marseille, Barcelona, St. John/Canada, New York, Boston/USA und zurück nach Genua. Wir hatten die erste Leine noch nicht an Land, da haben die Containerbrücken uns schon 10 Dosen von Bord geholt. Nach fünf Stunden Leinen los und weiter. Die einzige Nacht an der Pier hatten wir in Boston. All das hat jedoch nicht verhindert, dass ich noch Jahre später nachts im Traum zur See gefahren bin, oft im Schlaf geschrien habe und von meiner Frau wachgerüttelt wurde. Einmal Seemann, immer Seemann.

Ein weiterer Helfer in der Not war mein Freund Rolf. Rolf hatte sich vorgenommen, die Prüfung für die Motorbootführerscheine Binnen und Küste abzulegen. Neben dem theoretischen und praktischen Unterricht in der Motorbootfahrschule, wollte Rolf sein Wissen mit meiner Hilfe ergänzen und verfestigen. So trafen wir uns bei mir immer mittwochs ab 20.00 h und ich habe ihn meist bis 01.00 h nachts in die Geheimnisse der Navigation und Seemannschaft eingewiesen, wie vor langer Zeit auch Reini. Nach hervorragend bestandener Prüfung bedankte sich Rolf bei mir damit, dass er mich zum Segeln auf das Boot seines Vaters einlud. So stachen dann Rolf, sein Vater Friedrich, Josef, ein ehemaliger Marinesoldat auf Zeit, und ich in See. Diese Turns machten uns allen so viel Spaß, dass wir sie über mehrere Jahre bis zum Verkauf des Bootes wiederholten. Friedrich war schon lange Rentner und bevorzugte deshalb das sogenannte, gemütliche »Kaffeesegeln«. Saß ich an der Pinne, war Friedrichs Stimmung meist angespannt. Er beobachtete sorgenvoll den schon knarrenden Mast und die Schoten. Doch ich beruhigte ihn jeweils mit dem Spruch: »Scheiß auf Geschwindigkeit, Hauptsache Lage.«

Tja und dann war da noch die Bundesmarine. Der Querschnitt der in der Bundesmarine tätigen Menschen unterscheidet sich in nichts von der restlichen Bevölkerung. Dort bin ich sehr netten und liebenswürdigen Soldaten begegnet, die mit Herzblut Seeleute waren, ihr Handwerk verstanden und gute Kameraden waren. Aber, es gibt auch dort jede Menge Arschlöscher. Wenn hier der Eindruck entsteht, dass ich nur von letztgenannter Spezies berichte, dann entschuldige ich mich hier in aller Form bei den Erstgenannten, die ich achten und schätzen gelernt habe.

Die Flagge ruft

Zwar war ich vom 24monatigen Grundwehrdienst als Seemann befreit, doch unterlag ich wie jeder junge Mann ab dem 18. Lebensjahr der Wehrüberwachung. Während eines Urlaubs zuhause erreichte mich ein Musterungsbefehl des Kreiswehrersatzamtes Eschborn. Zwei Jahre fuhr ich schon mit Patent zur See, als ich dieser Einladung nach Eschborn folgte. Ein Haufen junger, wild palavernder Männer war das Erste, was ich in einer Art Empfangsraum zu Gesicht bekam. Alle hatten irgendwelche Mappen mit ärztlichen Attesten unterm Arm, die ihre Untauglichkeit für den Wehrdienst bezeugen sollten. Man belächelte mich, weil ich sowas nicht dabeihatte und teilte mir mit, dass mich die Bundeswehr somit ganz schnell am Arsch hätte und ich mich schon mal für zwei Jahre von zuhause verabschieden solle.

Meine erste Station war eine Schreibstube. Ein Beamter nahm meine Personalien auf. Nach meiner Berufsbezeichnung gefragt, antwortete ich: »Nautischer Schiffsoffizier.« Dies als Unterscheidung

riegsmarine

zum Technischen- und zum Funktechnischen Schiffsoffizier. Später las ich auf der mir ausgehändigten Kopie »Nordischer Schiffsoffizier«. Leider hatte ich keine Gelegenheit, in diesem Haus der Ahnungslosen danach zu fragen, ob es denn auch Südliche-, Östliche- und Westliche Schiffsoffiziere gäbe.

Da ich zunehmend unfreundlicher behandelt wurde und immer wieder auf Bemerkungen wie: »Na, jetzt haben wir Sie endlich!« Und, »unseren Feldjägern geht so leicht keiner durch die Lappen!«, gestoßen bin, wurde es mir zu bunt und ich habe mit erhobener Stimme nachgefragt, was dieser Unfug zu bedeuten habe, warum man mich hier wie einen Fahnenflüchtigen behandele. Da öffnete ein weiterer Beamte süffisant lächelnd meine dort verwaltete Personalakte und zog mit spitzen Fingern eine um die andere in Folie verschweißte Postkarte hervor. Mein Sohn ist in Bombay, mein Sohn ist in New York, mein Sohn ist in Basrah, mein Sohn ist in Colombo, usw., usw. Mein Vater hatte jeweils auf einen Einberufungsbescheid mit einer Postkarte geantwortet, mir aber nie davon erzählt.

Am Ende der Prozedur mit ärztlicher Untersuchung usw., musste ich mir vor drei Herren im schwarzen Anzug, die vor einer deutschen Bundesflagge saßen, das Ergebnis der Musterung anhören. Freudig teilte man mir mit, dass ich »Eins« gemustert sei, somit unter allen Waffengattungen wählen könne und damit rechnen müsse, in Kürze einen Einberufungsbefehl zu erhalten. Vergeblich habe ich versucht, den Herren zu erklären, dass ich mit nichts dergleichen rechne, weil ich ja zur See fahre. Noch Jahre später erhielt ich Anfragen vom Roten Kreuz und BHW, wann ich denn endlich meinen 10-jährigen Ersatzdienst antreten würde.

Nun, da ich nicht mehr zur See fuhr, aber mit Wehrpass ausgestattet noch im wehrpflichtigen Alter war, musste ich dies dem Kreiswehrersatzamt mitteilen. Eine Einberufung in die Marineschule Mürwik nach Flensburg ließ nicht lange auf sich warten. Zwar hatte ich keinen Grundwehrdienst zu leisten aber ein sechswöchiger Lehrgang für Handelsschiffoffiziere stand an. Ziel der Ausbildung war, zu gewährleisten, dass im Verteidigungsfall auf jedem deutschen Handelsschiff ein Reserveoffizier der Bundesmarine Dienst tun konnte, der »die Sprache der Marine« verstand. Das hörte sich nicht schlecht an und die Tatsache, mit Gleichgesinnten zusammenzutreffen, bewertete ich auch positiv. Mit 10 Mann begannen wir den HSO-Lehrgang, plus einem »Flieger«, der die Waffengattung nach misslungenem Studium in Bayern gewechselt hatte. Alle hatten wir einen Offiziersdienstgrad, mussten also nicht als »Schütze Arsch« antreten. Da keiner von uns eine militärische Vorbildung hatte, wurde der »Flieger« als erster Lehrsaalbeauftragter bestimmt. In der Schule haben wir »Klassensprecher« dazu gesagt. Er war dafür verantwortlich, dass im Lehrsaal immer genügend Kreide vorhanden, der Overheadprojektor einsatzbereit war und dafür, dass wir pünktlich zu den Mahlzeiten und zum Unterricht erschienen. Wir schliefen in Zweimannkammern in diesem altehrwürdigen Gebäude und das erste Wecken lief wie folgt ab: Der Flieger betrat ohne anzuklopfen unsere Kammer, brüllte etwas von Aufstehen, knallte die Tür zu und war wieder weg. Mein Macker und ich sahen uns an. Unsere Blicke sagten so viel wie: »Was war das denn gerade?« Zur Erklärung sei gesagt, dass an Bord 30 Minuten vor Wachbeginn »gelockt« wird. Locken bedeutet, dass man mit ruhiger Stimme aus dem Schlaf geholt wird. Man bewegt sich langsam aus der liegenden in eine sitzende Position. Wenn man nach weiteren 10 Minuten zum zweiten Mal geweckt wird, steht man bereits schon am Waschbecken und putzt sich die Zähne, um rechtzeitig, 10 Minuten vor Wachbeginn, auf der Brücke zu sein. In Mürwik erschien der Flieger schon nach weiteren fünf Minuten, wieder ohne anzuklopfen, schreiend im Raum. »Sie hocken ja immer noch in der Koje, wenn Sie nicht…,« weiter kam er nicht. Ich war aufgesprungen, habe ihn am Hals gepackt, an die Wand gedrückt und ihm nunmehr selbst brüllend mitgeteilt, dass er sich einen solchen Auftritt nicht ein zweites Mal wagen soll. Für den Rest der Woche wurde ein neuer Lehrsaalbeauftragter einstimmig aus unseren Reihen gewählt.

Konvoi fahren, Signalgebung mit Flaggen, Typhon und Sprechfunk, Geschichte der Nato, Schießen mit Pistole, G3 und Uzi, Marschieren, Befehls- und Meldesprache waren die Lehrinhalte. Unser Lehrgangsleiter, ein Kapitänleutnant, war ein Arschloch. Er hatte ziemlich schnell bei uns verschissen. Betrat er den Lehrsaal, so klöterten seine Stimmungsaufheller in der rechten Tasche seines Uniformrocks. In der linken Tasche befanden sich Pfefferminzbonbons, von denen er während des Unterrichts reichlich genoss. Vom anderen

Schlag war der Stabsbootsmann. Er war immer für uns da und unterrichtete uns in Befehl und Meldesprache, brachte uns das Marschieren und Schießen bei. Da wir alle einen höheren Dienstgrad als er hatten, war es ihm sichtlich unangenehm, uns Befehle zu erteilen. Umständlich entschuldigte er sich vor jeder Unterrichtseinheit bei uns.

Auch diese Zeit ging herum und es dauerte nicht lange, bis ich meine Einberufungen als Navigationsoffizier auf Versorgern bekam, die bei Natomanövern eingesetzt wurden.

Anfangs hatte ich noch Spaß daran, wieder mal ein Schiff fahren zu können. Für Freunde und Bekannte habe ich es immer so erklärt. Man stelle sich vor, ein Berufskraftfahrer, der ein Leben lang schwere LKWs über die Autobahnen Europas gelenkt hat, bekommt den Autoschlüssel eines 911er Porsche in die Hand und darf nunmehr damit losfahren. So kam es mir vor, wenn ich auf dem Versorger einstieg. Ein Zweischraubenschiff, Bugstrahl, schnell, wendig. Dazu die Tatsache, dass in diesen Manövern, die ja den Verteidigungsfall simulierten, alles von Mensch und Maschine abverlangt werden durfte. Falls erforderlich, konnte der »Hebel« auch mal von Voll voraus, auf Voll zurück gelegt werden. An Bord von Handelsschiffen, die ich gefahren habe, undenkbar. Auch die Seemannschaft kam nicht zu kurz. In geringstmöglichem Abstand neben einem Zerstörer mit 10 Knoten auf gleichem Kurs fahren und dabei eine Schlauchverbindung herstellen und den Zerstörer mit Diesel versorgen oder mittels Hosenboje den Schiffsarzt vom Versorger an Bord einer Fregatte bringen. Das machte Laune. Doch gab es auch den Manöveralltag. Meist begann er für mich damit, dass ich mir von einem Brückenmaat, einem »11er«, wie das seemännische Personal genannt wurde, das Schiff zeigen ließ. Der Maat, mit einem Masterkey ausgestattet, einem Schlüssel, mit dem sich sämtliche Türen an Bord öffnen ließen, machte mit mir einen Rundgang. Grundsätzlich wollte ich immer alle Räume sehen. Die Mannschaftslogies interessierten mich nicht, umso mehr aber alle Wirtschaftsräume, Lager, Maschine, Werkstätten und nicht zuletzt die Brücke. Als wir auf unserem Rundgang vor dem Rudermaschinenraum angelangt waren, wollte der Maat hier schnell weitergehen. Warum? Da gäbe es nichts Besonderes zu sehen, bekam ich zur Antwort. »Jetzt erst recht, aufmachen!«, herrschte ich ihn an. Was ich zu sehen bekam, war ein Matratzenlager. Zögerlich erklärte mir der Maat, dass der »Posten Rudermaschine« gerne dazu genutzt wurde, mal eine Extraportion Schlaf nachzuholen. Ihm fiel ein Stein vom Herzen, als ich ihm meine diesbezügliche Verschwiegenheit zusicherte. In Friedenszeiten ist ein Versorger dieser Bauartklasse mit rund 70 Mann Besatzung unterwegs, im Verteidigungsfall sind fast doppelt so viele Soldaten an Bord. Die Leute müssen beschäftigt werden, auch mit mehr oder weniger sinnvollen Tätigkeiten. Dies wurde mir auch auf meiner ersten Seewache verdeutlicht. Über Sprechfunk ging die Meldung »die Hecklaterne brennt« auf der Brücke ein. Da von der übrigen Brückenbesatzung niemand reagierte, ignorierte ich diese Meldung auch. Als sich diese Meldung aber halbstündlich wiederholte, sprach ich den Brückenmaat darauf an und teilte ihm mit, dass jetzt ja wohl alle ihren Spaß gehabt hätten, ich nicht länger verscheißert werden wollte, und er das ab sofort unterbinden solle. Entrüstet teilte er mir mit, dass sich niemand wagen würde, mich zu veräppeln und dass es sich um einen ausdrücklichen Befehl handele, die Funktion der Hecklaterne zu überprüfen. Es war tatsächlich ein Soldat dazu abgestellt worden, dies zu tun. Die Tatsache, dass es zwei Hecklaternen gab, dass beim Ausfall einer Laterne auf der Brücke ein schnarrender Ton dies anzeigt, die zweite Laterne von der Brücke aus sofort eingeschaltet werden konnte, spielte dabei keine Rolle.

Auf meiner Freiwache ging ich gerne auf dem Hubschrauberdeck auf und ab und rauchte dort eine Pfeife. Dabei beobachtete ich einen Soldaten, der von der Stelling aus den Schornstein malte. Er tat seine Arbeit mit wenig Freude und blickte recht missmutig drein. »Dies scheint nicht nur an den Abgasen zu liegen, die er unfreiwillig einatmen muss«, dachte ich so bei mir. Er hatte wohl bemerkt, dass ich ihn beobachte, fasste sich ein Herz, kletterte von seiner Stelling herab und fragte höflich, ob er sich kurz mit mir unterhalten dürfe. Natürlich dürfe er das, antwortete ich ihm. Es war ein Bayer, Hauptgefreiter, der sich auf zwei Jahre bei der Marine verpflichtet hatte, um seinen Wehrsold zu erhöhen und um in die große weite Welt fahren zu können. Viele seiner Träume hatten sich nicht verwirklicht und er zählte die Tage, bis sein Soldatendasein endlich ein Ende haben würde. Er habe ein ehrliches Handwerk erlernt und der Pfusch, den er hier abliefern müsse, sei ihm zutiefst zuwider. Es stellte sich heraus, dass er den Befehl erhalten hatte, den Schornstein zu malen ohne ihn vorher zu waschen und somit von Salz und Abgasrückständen zu befreien. Unweigerlich würde die Farbe nach wenigen Wochen wieder abblättern und seine Arbeit würde vergeblich gewesen sein. Nicht zu reden von einigen Kilo verschwendeter Farbe. Während unseres Gespräches fiel mir auf, dass der Schmatting, wie der Bootsmann auf Kriegsschiffen genannt wird, mehrfach böse zu uns herüberblickte, wenn er über das Hubschrauberdeck nach achtern ging. Ich sprach den Hauptgefreiten darauf an und der antwortete nur: »Der traut sich net was zum sang, weil i bei ehna steh!«

Leider sind mir immer wieder mal Missstände bei der Marine begegnet, die sich fest in meinem Gedächtnis verwurzelt haben. So wurde ich zum Beispiel auf einem Versorger auf Seewache vom Versorgungsoffizier abgelöst, der sich immer vor Wachantritt eine Apfelsine schälte. Hatte er die Apfelsine verzehrt, roch es auf der Brücke immer, als habe jemand eine Flasche Schnaps verschüttet. Der Kerl hatte tatsächlich seine Apfelsinen »geimpft«.

Ein Kommandant ließ immer nach dem Festmachen die Ankerkette ausschäkeln und an der Pier festmachen. Sowas hatte ich noch nie erlebt. Aus Erzählungen von Besatzungsmitgliedern habe ich dann erfahren, dass ihm mal eine Fregatte von der Pier abgetrieben ist und er deshalb degradiert wurde. Dieser Kommandant hatte das Glück nicht gepachtet. In der Nordsee haben wir in stürmischer See eine Schraube verloren. Wir wurden aus dem Manöver entlassen und nach Wilhelmshaven beordert. Nach dem Festmachen kam der Kommandeur an Bord, um mit dem Kommandanten den Werftaufenthalt und die weitere Verwendung des Versorgers im Manöver zu besprechen. Das Festmachen erfolgte auf meiner Wache, ich schrieb das Tagebuch, schaltete alle Geräte auf der Brücke aus und schloss ab. Mit dem Tagebuch unterm Arm klopfte ich beim Alten an, trat ein, sagte Hallo zu den beiden Herren, legte das Tagebuch auf den Schreibtisch, meldete den Dampfer gut fest an Steuerbordseite, Pier soundso und wollte die Kammer wieder verlassen. Bis jetzt hatten mich die beiden Herren nur schweigend, ohne meinen Gruß zu erwidern, angestarrt. Dann ging aber ein Gebrülle los. Ob das eine Meldung wäre, wir würden uns noch sprechen, usw., usw. Plötzlich hatte ich ein Deja-vu. Alles erinnerte mich an den wegen der Remouladensoße kurz vorm

Herzinfarkt stehenden Kochverwalter. Vor der Kammer standen zwei interessierte Zuhörer, denen ich den Vorfall kurz schilderte. »Um Gottes Willen, das hätten Sie nicht tun dürfen. Nach dem Betreten der Kammer: Haltung annehmen, Name, Dienstgrad, Meldung machen, Quittierung abwarten, wieder Haltung annehmen, Grüßen, erst dann den Raum verlassen.«

Da der Fisch vom Kopf her stinkt, hatte ich auch keinen guten Draht zu meinen Kollegen Offizieren. Ihr ständiges Gestänkere ging mir auf den Geist. Laufend beklagten sie sich darüber, dass die bei der Marine erworbene Fahrerlaubnis nicht wie bei den Segelscheinen und den Kraftfahrzeugführerscheinen auf die Zivilschifffahrt übertragen werden könne. Anfangs habe ich noch ernsthaft versucht, ihnen zu erklären, warum das so sein muss und hoffentlich immer so bleiben wird, doch langsam riss auch mir der Geduldsfaden. Da man sich gegen meine Argumente nicht wehren konnte, ging man immer öfter dazu über, abfällige Bemerkungen über Seeleute in der Handelsschifffahrt zu machen. An einem Abend in der Offiziersmesse war es dann so weit. Ich stand auf, nahm Haltung an und erklärte den Anwesenden, dass ich so oft im Persischen Golf gewesen war, dass ich ungestraft jede rote Ampel passieren dürfe, und einen Mord frei hätte. Ab da war Ruhe im Karton.

Nach jeder Wehrübung erhielt ich ein vom jeweiligen Kommandanten ausgefertigtes Zeugnis. Mir wurde immer bestätigt, dass ich mein seemännisches und navigatorisches Wissen nutzbringend in das Manöver eingebracht habe, doch der letzte Satz lautete immer: »Befehls- und Meldesprache mangelhaft!«

Der Konflikt mit der Befehls- und Meldesprache stellte sich als ein sich immer wiederholendes Problem für mich dar. Meine Toleranz gegenüber den Soldaten war groß genug um zu begreifen, dass sie nur das verstanden, was ihnen im Grundwehrdienst beigebracht worden war. Waren es doch keine »geborenen Seeleute«, sondern Handwerker, Kaufleute und Studenten, die da am Ruder, am Maschinentelegraph oder am Funkgerät standen. Jedoch ging die Toleranz der Mariner mir gegenüber nie so weit, dass sie begriffen, dass mir diese Befehls- und Meldesprache nicht so in Fleisch und Blut übergehen konnte, weil ich ja nur alle zwei Jahre einmal an einem Natomanöver teilnahm, für die Maximaldauer von vier Wochen. Eine Extremsituation ergab sich, als wir im Marinehafen lagen. Am Wochenende war ich der einzige Offizier an Bord. Alle anderen Offiziere waren sogenannte Heimschläfer. Das bedeutete, dass sie freitags ab 13.00 h nach Hause zu Ihren Familien fuhren, und das Wochenende in Ihren Wohnungen und Häusern bei ihren Lieben verbrachten. Nun galt es aber auch am Sonnabend, einen Tagesbefehl auszugeben, Wachen einzuteilen etc. Die gesamte Mannschaft war in Habachtstellung auf dem Hubschrauberdeck angetreten. »Guten Morgen, Soldaten«, brüllte ich über das Deck, die Soldaten antworteten, und weiter kam ich nicht. Schlimmes ahnend hatte sich der Hauptbootsmann, der die Mannschaft hatte antreten und sich ausrichten lassen, in kurzer Distanz und Hörweite zu mir postiert. Nun begann er mir zu soufflieren. Er tat das sehr geschickt, fast ohne die Lippen zu bewegen. Wahrscheinlich arbeitete er schon an einer Karriere als Bauchredner, nach seiner Dienstzeit bei der Bundesmarine. Keiner hat diese Panne bemerkt und für den Bootsmann war es Ehrensache, dass dieser Vorfall unter uns bleiben würde.

Schöne Zeiten hatte ich an Bord eines Versorgers, dessen Kommandant mir am Ende des Manövers ein Zeugnis zur Ausstellung der »Fahrerlaubnis« ausstellte. Er tat dies so voller Freude und Anerkennung, dass ich total verwirrt danach fragte, was ich damit anfangen könne. Er versicherte mir, dass ich ab Erteilung dieser Fahrerlaubnis Versorger dieser Klasse als Kommandant fahren dürfe. Was ich daraufhin sagte, tat mir sofort unendlich leid, denn ich antwortete ihm: »Herr Kapitän, solche Schlickrutscher wie diesen Versorger habe ich bisher an Deck stehen gehabt!« Nun war die Verwirrung bei ihm angelangt. Wir nahmen nun bei einer Tasse Kaffee Platz und ich fragte ihn nach meiner Personalakte und ob er denn nicht wisse, dass ich beruflich zur See gefahren bin. Es stellte sich heraus, dass nichts dergleichen in der Akte vermerkt war. Nun klärte ich das alles auf, berichtete ihm von Binnenschiffen, Schubschleppern, Leichtern, die wir an Deck von A nach B transportiert haben, und dass mein Patent das Führen von Schiffen aller Größen und Arten auf allen Weltmeeren erlaubt. Nach diesem Gespräch war die Verabschiedung nicht weniger herzlich als die gesamte Fahrzeit während des Manövers.

Auch in guter, bleibender Erinnerung ist mir ein Fähnrich zur See, der mit mir Wache ging. Er war aus Bayern, woher auch sonst? Da mein militärisches Verständnis zu wünschen übrigließ, half er mir oft aus der Patsche. Wurden wir von Fliegern angegriffen, wusste ich meist nicht, ob es sich um Freund oder Feind handelte. Er wusste es immer. Wir waren in der Ostsee unterwegs und hatten Schnellboote mit Treibstoff und Munition versorgt. Als wir die Order erhielten, dass über das kommende Wochenende »Waffenruhe« herrschen sollte, liefen wir nach Kopenhagen ein. Sofort weihte ich ihn in meine Wochenendplanung ein: »Wir besuchen Madame Tussaud und die kleine Meerjungfrau!« Doch anstatt sich zu freuen, trat er von einem Bein auf das andere, senkte sein Haupt und sagte: »Mitgänga da i scho, aber mache du i nix. Weil, i hab Angst vor Aids!« Wie erleichtert war er, als ich ihm erzählte, dass die kleine Meerjungfrau aus Bronze und Madame Tussaud seit über 100 Jahren tot ist.

Als der Krieg im Persischen Golf ausgebrochen war, die Bundesmarine Blockadebrecher im Mittelmeer und später Minenräumboote im Golf stationierte, habe ich den Kriegsdienst verweigert. Schriftlich habe ich dem Personalstammamt der Bundeswehr mitgeteilt, dass ich gemäß meinem Soldateneid bereit bin, die Menschen und die Grenzen der Bundesrepublik Deutschland zu beschützen. Eine Bereitschaft, den damaligen Machthaber der Türkei zu verteidigen, der öffentlich bekundet hatte, dass er am Siegertisch sitzen, sein Kurdenproblem lösen und die eine, oder andere Ölquelle schnappen werde, gibt es bei mir aber nicht. Die Antwort ließ nicht lange auf sich warten. Meinen »roten« Einberufungsbescheid der Alarmreserve musste ich vernichten und das war es dann.

Wenn ich etwas in meinem Leben gelernt habe, dann ist es die Tatsache, dass alles, was einem im Leben widerfährt, zu irgendwas gut ist. Oft kommt die Erkenntnis erst Jahre später aber man erfährt dann, dass es so gut ist, wie es gekommen ist.

Ende

Die Sehnsucht nach der See ist geblieben und wird auch für immer bleiben. Heute wird diese Sehnsucht dadurch gestillt, dass meine Frau und ich unsere Urlaube immer an der See, am Wasser verbringen. Seit fünf Jahren begleitet uns unsere altdeutsche Langhaarschäferhündin »Jette« auf diesen Reisen. Jette ist in Schleswig–Holstein geboren und sie trägt Seehundgene in sich. Sie liebt das Meer genauso wie wir, auch 0° C Wassertemperatur halten sie vor einem Bad im Salzwasser nicht ab.

Schließen möchte ich mit einem Gedicht von Bern Hardy, der die Gefühle eines Seemanns an Land nicht besser ausdrücken könnte, verbunden mit dem Dank, dass Sie dies alles gelesen und hoffentlich Freude daran gefunden haben.

Obgleich du auf den Reeder fluchst
und ständig einen Landjob suchst,
rühmst du, sobald du ihn erst hast –
die Welt um Ruderhaus und Mast.
Schimpfst auf den Saubetrieb an Land
Und hast nach kurzer Zeit erkannt,
dass so ein alter Fahrensmann,
die Seefahrt nicht vergessen kann.

An stürmischen Novembertagen
stichst du – im Geiste sozusagen –
in dichten Tabaksqualm gehüllt,
das Grogglas nochmal frisch gefüllt
und dampfend neben dir in Lee,
von deinem Sessel aus in See.

Das kann vielleicht nur der begreifen,
der selber einmal Ärmelstreifen
an seiner Khakijacke trug
und eh es ihn an Land verschlug,
einst selbst die Hundewache ging.

Das Seemannsherz, dies eigen Ding,
kommt selbst nach Jahren in Büros
an Land nie von der Seefahrt los,
und schlägt – nur Träumer hören das –
alle vier Stunden leis acht Glas.

(Bern Hardy[1])

Herzlichst,
Ihr
Kpt. Georg Günther

[1] Bern Hardy, Kleine Seebücherei, Koehlers Verlagsgesellschaft, Hamburg 1962

Übersetzung seemännischer Fachbegriffe

A5, nautisches Patent	Steuermann auf großer Fahrt, berechtigt zum Fahren als 3. und 2. Offizier
A6, nautisches Patent	Kapitän auf großer Fahrt, Kapitän und 1. Offizier
abbes	arabisch: hoch, hinauf, aufwärts
ablandig	von Land Richtung See
achtern	hinten
AG	vormals A6
AGW	vormals A5
anmustern	einen Heuervertrag eingehen
aria	arabisch: hinab, herunter, abwärts
Aufbauten	Mannschaftsunterkünfte, Büros, Messe, Kombüse etc.
aufkommen	aufholen
auflandig	von See Richtung Land
Back	Vorschiff, Tisch
Backbord	rot, links in Fahrtrichtung
Backschafter	Trägt das Essen auf, macht sauber, räumt auf
Backschisch	Schmiergeld
Ballast	fahren ohne, oder mit wenig Ladung. Ballasttanks im Doppelboden geflutet
Bananenjäger	Kühlschiff
Bändsel	dünne Schnur
Barbecue	Grillfest
begleiten von Drahtseilen	mit geteerten Kardelen den Spleiß umwickeln
Bonschen	Bonbons
Bremen, Schlachte 6	Postanschrift der DDG Hansa
Bulkcarrier	Massengutschiffe

Chief	Erster, leitender Ingenieur
Crew	Mannschaft
DDG Hansa	Deutsche Dampfschifffahrtsgesellschaft Hansa
Deckshaus	Windenraum an Deck, mit separatem kleinem Lager
Döntjes	Kurze Geschichte
Fahrwasser	Schifffahrtsweg
feudeln	feucht aufwischen
fieren	absenken
Freihafen	Gebiet, welches quasi als Zollausland gilt
Füllung	Menge des in den Zylinder eingespritzten Schweröls
G3	Gewehr
Gangwaystroppen	Leinen, die als »Geländer« dienen
Großkreis	kürzeste Verbindung zweier Punkte auf einer Kugel (hier: die Erde)
Heuer	Lohn des Seemanns
hieven	hochziehen
Hundewache	Seewache von 00.00 h bis 04.00 h
im Gat liegen	achtern mehr Tiefgang als vorn
Kabelgat	Lagerraum für Stroppen, Farbe, Werkzeug, etc.
Kanal 16	Not- und Anrufkanal auf UKW im Seefunk
klönen	sich unterhalten
klötern	klappern, klirren
knacken	schlafen
Knoten	Seemeilen pro Stunde, 1 Seemeile = 1,852 km

Köm	Kümmelschnaps
Kombüse	Küche
Kuddel Shark	Hai, vom Seemann ungeliebt
Kuli	Bezeichnung für Hafenarbeiter im Orient
Kümo	Küstenmotorschiff
Kutterpullen	Rudern eines größeren Versetzbootes
Lage	hier: Schräglage des Bootes
Laschdraht	Draht zum Befestigen von Ladung an Deck und in der Luke
Leck	Loch in der Bordwand
lecken	auslaufen, leerlaufen
Lee	dem Wind abgewandte Seite
Logge	Geschwindigkeitsmesser an Bord
Lukensüll	obere Kante der Luke
Luv	dem Wind zugewandte Seite
M. S.	Abkürzung für Motorschiff
Maat	Unteroffizier der Bundesmarine
Macker	Freund, Kumpel
Maschinentelegraf	Im Prinzip das, was beim Auto der Gashebel ist
Messe	Speise- und Aufenthaltsraum
Mooringwinde	elektrische Festmacherwinde, holt und gibt dem Draht automatisch Lose
Morphi	englische Bezeichnung für Decksjunge
Moses	Decksjunge, 1. Lehrjahr
Musterrolle	Liste der Besatzungsmitglieder mit Namen und Funktion
NA	Nautischer Assistent
Niedergang	Treppe
NL	Norddeutscher Lloyd
Nock	Mast-, Baumende, Ende und offener Teil des Ruderhauses
OA	Offiziersanwärter

P3	Scharfes Reinigungspulver, zum Deckschrubben geeignet
palavern	reden, sich lautstark unterhalten
Pantry	Tee- / Kaffeeküche
Persenning	wasserdichte Plane
Pinne	Ruder auf kleinen Wasserfahrzeugen
Poopdeck	Deck am Heck des Schiffes
Querung	überschreiten, passieren
Reede	in der Seekardte ausgewiesener Bereich, in dem geankert werden darf
Renner	laufendes Gut, Drahtseil, an welchem mittels Haken Lasten bewegt werden
Riemen	Ruder zur Fortbewegung des Bootes
Rottendampfer	ungepflegtes Schiff, Seelenverkäufer
Rudergänger	Steuerer, der am Ruder steht
Ruderhaus	Komandobrücke
Samentender	Passagierschiff
Schauerleute	Hafenarbeiter
Scheich	der Bootsmann an Bord von Hansa Dampfern
Schwell	Wellenbewegung durch vorbeifahrende Schiffe verursacht
Seemeile	1,852 km, entspricht einer Bogenminute auf dem Äquator
Smoketime	Zigarettenpause
Smut oder Smutje	Koch
Spleißen	Verbinden von Tauwerk (Kurzspleiß), Augspleiß (bei Festmacherleinen)
Stauer	Hafenarbeiter
Steuerbord	grün, rechts in Fahrtrichtung
Steuermann	Offizier der Wache
Storekeeper	Lagerhalter an Bord, zum Maschinenpersonal gehörend

Stroppen	je nach Gewicht der Ladung aus Tauwerk oder Stahl
Tallje	Flaschenzug
Tampen	dünnes Seil
Taustroppen	Seile aus Hanf, Manila, Sisal, zum Laden und Löschen von Ladung
Typhon	mit Druckluft betriebenes Signalhorn
UDB	Unter der Back
Uzi	Schnellfeuerpistole
verholen	die Position verändern
vor dem Mast	Matrosenlogis auf Seglern unter der Back, vor dem ersten Mast
Ziehschein	von der Reederei ausgeführter Dauerauftrag